: 2026 한국교회 Z세대 트렌드

다음시대 전문가 교수들이
데이터에 기초해 담아낸 한국교회 전망과 전략

2026 한국교회 Z세대 트렌드

Z세대 목회, 교육, 예배, 전도전략

전석재 · 정재영 · 김선일 · 안덕원 지음

다음시대연구소

추천사

한국교회 미래는 Gen Z세대에게 달려 있다. 1997-2008년생 Z세대는 674만명입니다. 디지털 원주민인 Z세대는 기독교에 대해 긍정적이지 않습니다. 한국교회는 Z세대에게 어떻게 다가야 할지, 그들의 고민과 필요가 무엇인지를 알아야 합니다. 그래서 그들을 향한 눈높이가 필요합니다.

이 책에서 4명의 저자들은 Z세대를 향한 고민과 필요를 알고, 그들에게 진정성있게 소통하는 길을 가르쳐 주고 있습니다. Z세대의 트렌드, 그리고 그들을 향한 목회, 교육, 예배, 전도의 방향과 전략을 세심하게 제안하고 있습니다. 한국교회는 Z세대의 언어로 소통하고, 예수님처럼 그들이 누구인지 정확히 알고, 다가가야 합니다. 기독교에 긍정적이지 않은 그들에게, 교회는 호감을 주어야 하며, 복음의 본질과 예수그리스도의 생명을 주어야 합니다.

《2026 한국교회 Z세대 트렌드: Z세대 목회, 교육, 예배, 전도전략》은 다음세대 사역의 대안과 전략을 담아내고 있습니다. 이 책은 다음세대 사역자, 담임목회자, 교사, 청년, 크리스천 부모들에게 꼭 읽어야 할 필독서이기에 강력 추천합니다.

서울신학대학교 총장

황 덕 형

Z세대를 향한 한국교회의 사역은 더 이상 막연한 공감이나 염려의 차원에 머물 수 없습니다. 이 책은 작년 출간된《2025 Z세대 트렌드와 한국교회》에 이어, Z세대에 대한 이해에서 한 걸음 더 나아가 실제적인 사역의 방향성과 전략을 제시합니다.

　　이번《2026 한국교회 Z세대 트렌드》는 단순한 세대론이나 현상 분석이 아닙니다. 목회, 교육, 예배, 전도라는 사역의 핵심 분야를 중심으로 Z세대를 위한 목소리를 내는 전문가들이 참여해 각 영역에서 한국교회가 감당해야 할 역할과 대안을 구체적으로 담아냈습니다. 특히 신뢰의 위기 속에서도 여전히 복음을 갈망하는 Z세대의 내면을 면밀히 들여다보며, 교회가 그들과 어떻게 소통하고 동행할 수 있을지에 대한 깊이 있는 통찰을 우리에게 제공합니다.

　　Z세대를 향한 사역이 선택이 아니라 필수임을 인식하는 모든 이들에게 이 책은 실질적인 길잡이가 될 것입니다. 이 책을 통해 다음 세대를 품고자 하는 한국교회의 노력이 더욱 단단한 열매로 맺히기를 기대합니다.

만나교회 담임목사

김 병 삼

Z세대에 대한 기독교 관점에서의 리포트라고 할 수 있는 이 책을 읽으면서 '매력'이란 단어를 생각해보았습니다. 어느 순간부터 한국교회에서 사라진, 희미해진 단어 가운데 하나가 매력이라고 여겼었습니다. '한국교회는 매력적인 공동체인가?' 과거 한국교회는 충분히 매력이 있었지만, 지금은 이 질문에 자신있게 "예"라고 답하기 힘듭니다. 특히 700만 명에 달하는 Z세대(만 17~28세)에게 교회가 어떤 모습으로 비쳐질지는 굳이 통계를 보지 않아도 짐작할 수 있습니다. Z세대는 지금의 한국교회에서 특별한 매력을 발견하지 못하기에 교회를 떠나며 머물기를 거부하고 있음이 분명합니다.

4명의 기독교 학자들은 이 책에서 Z세대를 분석하는데 그치지 않고, 그들과 동행할 수 있는 여러 현실적 대안들을 제시하고 있습니다. 시간의 흐름에 따라 Z세대는 조만간 지금의 M세대가 되고, 기성세대가 될 것이기에 이들을 놓치고서는 한국교회의 미래는 있을 수 없습니다. 그래서 목회자나 신학자뿐 아니라 한국교회를 조금이라도 걱정하는 분들은 이 책을 세심하게 읽어야 합니다. 우리와 함께 살고 있는 Z세대를 알아야 하며, 그들의 일상과 목표, 좌절과 기쁨의 근원들을 이해해야 합니다.

책에 제시된 Z세대에 대한 분석 가운데 공통된 점 하나는 그들이 현실적인 여러 측면들에 함몰되어 있으면서도 '영적인 것'을 추구한다는 것입니다. 개인적으로는 여기에 소망이 있다고 봅니다. 마음 깊숙이 영적 하이터치를 갈망하는 그들에게 교회는 충분히 매력적인 대상이 될 수 있습니다. 세상에서 발견할 수 없는 어떤 본질을 교회에서 발견한다면, 그들은 순식간에 밀려올 수 있습니다. 물론 그것이 무엇인지, 어떻게 줄 수 있는 지에 대해 고민해야 합니다. 불변하는 복음의 메시지(Message)를 이 시대의 가변적 메소드(Method)를 최대한 활용해서 전하는 것이 필요합니다. 이에 대해서는 책에 많은 분량으로 소개되어 있습니다.

분명한 것은 Z세대 역시 본질과 진정성, 가치를 추구하고 있으며 모든 세대의 인간에게 내재된 근원적 갈망을 갖고 있다는 점입니다. 이것을 파고들면 다시 교회는 '매력의 공동체'가 될 수 있을 것입니다. 매년 Z세대를 추적하며, 분석하고, 대안을 제시하는 소중한 사역을 펼치는 다음시대연구소와 전석재 대표께 응원의 메시지를 전하고 싶습니다. 부디 이 귀한 책을 통해 수많은 Z세대들이 다시 교회로 돌아와, 그들로 인해 이 땅의 교회가 새롭게 부흥할 수 있기를 바라며 기쁘게 추천합니다.

기록문화연구소 대표 전 국민일보 기독교연구소장

이 태 형

프롤로그

한국교회, Gen Z 사역 이렇게 준비하라.

2024년 10월《2025 Z세대 트렌드와 한국교회》를 출간하였다. Z세대를 향한 최초의 통계 데이터에 기초한 트렌드 분석이었다. 많은 목회자, 사역자, 교사, Gen Z들로부터 격려와 응원을 받았다. 하지만 Gen Z 세대 트렌드 분석에 집중하여, Z세대를 향한 사역을 구체적으로 어떻게 할 것인가하는 질문과 함께 사랑 어린 충고와 질타도 받았다. 한국교회 Z세대를 향한 사역의 대안을 제시하면 좋겠다는 의견이 있었다. 2024년 <다음시대연구소>를 세우고 고민하면서 Z세대 트렌드 연구에 첫걸음을 시작하였다.

《2025 Z세대 트렌드와 한국교회》를 출판한 이 후, 학교와 교회에서 많은 사역자들을 만나고 Z세대의 청소년들과 청년들을 만났다. 실제적으로 포럼을 통하여 'Z세대 목회와 사역방향'를 논의하는 시간도 있었다. 지난 1년 동안 다음시대에 살아갈 우리의 젊은이들에 대해서 더 많은 고민을 하였다. 그리고 그들과 소통하였다. 이러한 고민 가운데 2026년 Gen Z를 위한 트렌드를 기획하였다. Z세대를 향한 사역의 구체적인 논의를 해야겠다는 생각을 가졌다.

2026년 Z세대 트렌드를 위해서, 만 17-28세 674만명을 분석하고 연구하였다. 임홍택은 《2000년생이 온다》에서 Gen Z세대를 "초합리, 초개인, 초자율의 탈회사형 AI" 인간으로 정의했다. 탈권위적, 수평적, 공정성을 중요시 여기며 개인의 삶을 존중하는 Z세대를 고민하고 해석하였다. Gen Z 세대 이야기, 그리고 담론에 대한 논의로 끝나지 않았다. 한국교회가 그들을 위한 사역을 어떻게 해야 할지 고민하고, 각 사역을 세분화하여 전문가 교수들을 초청하였다.

《2026 한국교회 Z세대 트렌드: Z세대 목회, 교육, 예배, 전도전략》은 이러한 고민을 담아냈다. 각 분야의 전문가 교수들과 함께 집필을 설계하고, 함께 책을 출간하였다. 정재영 교수는 'Z세대 트렌드 분석'을 하였고, 김선일 교수는 'Z세대 목회와 교육'를 담아냈다. 그리고 안덕원 교수는 'Z세대 예배와 설교'에 집중하여 집필하였고, 전석재 교수는 "Z세대 전도와 선교"초점을 맞추었다. 4명의 교수들은 각각 전공 분야에서 이미 검증되고 탁월성을 인정받는 분들이다. 《2026 한국교회 Z세대 트렌드: Z세대 목회, 교육, 예배, 전도전략》은 교회를 위한 실제적이고 구체적인 'Z세대 사역'의 방향성과 대안을 제시하였다. 이제 4영역으로 나누어서 설명해 보겠다.

Z세대 현상 영역의 트렌드

1장_ Z세대 그들은 누구인가? (Z세대를 향한 종교사회학적 이해)

Z세대를 분석하고 그들을 이해하는 게 매우 중요하다. 여기에서부터 그들을 향한 해석과 소통이 시작된다. Z세대는 1990년 대 후반에서

2000년대 성인으로 맞이한 첫 세대를 의미한다. 이들은 디지털 환경에 익숙하다. '디지털 네이티브'라고 한다. 최신 트렌드와 남과 다른 이색적인 경험을 추구한다. 그리고 민주화와 경제 발전에 따른 열매를 어렸을 때부터 누려왔다. 궁핍했던 경험을 해본 적이 거의 없다. 그래서 가난을 겪어본 기성세대와 문화적 괴리가 크다.

Z세대는 교회와 기독교에 대하여 긍정적이지 않다. '다음시대연구소'의 《2025 Z세대 트렌드와 한국교회》따르면, 한국교회를 신뢰한다는 응답은 20.8%로 매우 낮았고, 신뢰하지 않는다는 응답이 70.3%로 신뢰한다는 응답의 3배가 넘었다. 그리고 기독교인이라고 응답한 Z세대는 44%가 교회에 출석을 하지 않는 가나안 성도이다. Z세대는 교회의 중요한 의사결정에 참여를 원하고, 교회의 거버넌스와 공공성을 중요한 가치로 여긴다. 이러한 상황에서 교회는 그들을 향하여 무엇을 어떻게 해야 할지 고민하는가?

Z세대 목회와 교육 트렌드와 과제

2장_ Z세대를 위한 목회와 교육, 어디로 가야하는 가?

한국교회는 Z세대를 향한 목회와 교육을 어떻게 해야하는가? 인공지능과 과학기술이 주도하는 4차 산업혁명 가운데, 다음시대 목회를 심각하게 고민해야 한다. 그 중심에 Z세대가 있다. 여기에 그들에 대한 목회적 대안을 생각해 보자.

Z세대의 불안과 혼란 속에서 하나님과의 실질적 관계를 회복하게

하는 게 중심 축이다. 단순한 규범이 아니라, 일상 속에서 하나님과 함께 살아가는 루틴과 실천을 제시하자.

Z세대 목회의 초점은 예전의 회복이다. 감각적이고 상징적인 것을 중시하는 세대이다. 복음의 깊이를 오감과 몸으로 경험하게 하는 중요한 경로를 만들어야 한다. 또한 참여적 교회 시스템으로 전환해야 한다. 그것은 Z세대가 교회 구성원으로 자기 정체성을 갖게 하는 중요한 동인이다.

Z세대 교육은 변증적 양육이다. 단순한 교리 교육을 넘어선다. 그들을 환대하는 교육 방식으로 이끌어야 한다. 복음은 이들의 진지한 질문에 응답해야 하고, 성경적 진리를 오늘의 현실 속에서 다시 말해야 한다. 이 글에서 강조하는 것은 영성 형성과 목회, 참여적 구조, 그리고 변증적 양육이다.

Z세대 예배와 설교 트렌드와 과제
3장_ Z세대와 예배: 본질을 회복하고 세상과 소통하라!

Z세대를 향한 예배는 4차 산업혁명과 디지털미디어가 만들어 낸 급속한 시대와 문화의 변화에 편승하는 차원이 아니다. 어떻게 하면 Z세대에게 기독교 예배의 본질을 지키면서 새로운 세대에게 설득력 있는 예배를 제시하는가에 그 핵심이 있다. 본 글에서는 다양한 통계를 기반으로 Z세대의 성향과 의견을 분석하였다. 이에 근거하여 바람직한 예배의 모습과 발전 방향을 제안해 보았다.

예배와 삶이 상호 소통하는 참된 예배자의 참된 예배자가 요청된다. 예배 형식은 늘 변해왔으며 문제도 상존한다. 형식은 어제와 오늘이, 저곳과 이곳이 동일할 수도 없고 동일해야 할 이유도 없다. 예배에서 결국 지켜야 할 가치가 무엇인가에 대한 진지한 고민이다. 이 글에서는 예배의 본질에 대한 회복 방안을 제시하였다. 한국교회가 Z세대 예배의 본질 회복을 어떻게 해야 하는지 답을 주고 있다.

Z세대 전도와 선교 트렌드와 과제

4장 Z세대와 전도: 세상을 향해 다리놓기를 시도하라

이 글에서는 17-28세 Z세대를 세분화하여 분석하였다. 이들을 이해하고 고민하는 것은 앞으로 다음시대 미래교회가 무엇을 어떻게 해야 할지 보여주고 있다. Z세대는 교회에 대한 호감도가 매우 낮다. 그리고 10명 중 8명은 교회를 신뢰하지 않는다. 이러한 상황에서 그들을 향한 전도는 매우 어렵다. 우선 교회가 그들을 향하여 소통과 다리놓기가 필요하다. 우선 Z세대의 정체성과 특성을 이해하고, 그들의 필요를 정확히 분석하는 것이 중요하다.

불안시대를 살아가는 이들은 취업과 진로, 입시로부터 심각한 압박을 받고 있다. 그들은 삶의 문제를 고민하면서도, 신비적이고 영적인 것을 추구하고 있다. 이 글에서 강조하고 있는 것은 Z세대를 향한 다리놓기를 어떻게 할 것인지, 그들과 소통하기 위해서 교회는 무엇을 해야 하는 지 추적해 보았다. 또한 교회가 그들을 향해 어떻게 다가가야 하는

지 살펴보았다.

 다음시대를 리딩할 Z세대는 한국교회 미래이다. 앞으로 한국교회는 Z세대에게 집중해야 한다. 이 책은 연구조사를 통한 분석과 해석으로 Z세대 트렌드, 목회, 교육, 예배, 전도를 다루었다. 기꺼이 기쁨으로 참여하여 옥고를 써주신 정재영 교수님, 김선일 교수님, 안덕원 교수님께 감사의 마음을 보내드린다. 디자인과 편집을 해주신 도토리실험실 스튜디오 임지인 대표님께 감사의 마음을 드린다. 이 책은 다음시대연구소가 주관하고, 비용을 전담하여 출간하였다. 이 책의 출간으로 한국교회 Z세대에게 소망이 되는 〈다음시대연구소〉가 되길 간절히 바란다.

2025년 9월
다음시대연구소 대표 전석재

CONTENTS

추천사 6
프롤로그 10

1장 Z세대, 그들은 누구인가? ·········· 19

세대란 무엇인가? 20
Z세대의 등장 24
Z세대의 사회학적 특징 26
소비 형태로 본 Z세대의 특징 31
세대 담론에 가려진 척박한 현실 34
Z세대와 종교 39
Z세대와 교회 45
기성세대와 다른 Z세대의 신앙관 49
참여를 원하는 Z세대 55
청년들이 참여하는 교회 거버넌스 58
영적인 '커스터마이징'이 필요한 교회 63

2장 Z세대를 위한 목회와 교육, 어디로 가야 하는가? ·········· 67

Z세대의 정의와 현황 71
Z세대의 정의 71
전세계적 Z세대 현상과 특성 72
한국의 Z세대 현상과 특성 72

Z세대의 세계관 74
Z세대의 특징 75

Z세대 종교성은 어떻게 볼 것인가? 78
Z세대의 비종교화 78
한국 Z세대의 비종교화 79
종교성의 새로운 표현 81
소결 91

Z세대 신앙 부흥의 사례 관찰 92
애즈베리 부흥: 진정성 중심의 자발적 예배 92
영국의 조용한 부흥: 공동체 기반 신앙 회복 95
교회를 모르는 세대를 위한 새로운 선교적 접근 97

Z세대를 위한 목회적 이슈들 99
디지털 네이티브를 위한 목회적 교훈 100
자기중심세대를 위한 목회적 교훈 104
습관과 가치의 루틴과 영성 훈련 107

한국 교회의 Z세대 사역 방향 사례 109
디지털과 청년 공동체 109
질문을 환영하는 교회 110
경제적 불안에서 복음의 환대로 112
Z세대의 참여적 거버넌스 113

3장 Z세대와 예배: 본질을 회복하고 세상과 소통하라! 119

예배의 의미와 본질의 회복 122
예배의 의미에 충실한가? 122
예배와 일상의 관계-예배의 수평적 속성 126

예배 형식과 내용에 대한 제언 132
전통인가 현대인가? 132
온라인과 현장예배 139
예배의 민주화 143
다양한 예배 경험의 제공 148
공감과 소통의 설교 156

4장 Z세대 전도와 선교: 세상을 향하여 다리놓기를 시도하라! 163

Z세대 특징과 관심사 167
디지털 네이티브 168
Flex 문화 169

공정함의 가치 171
불안한 세대 172
영적인 것의 추구 173

한국교회 Z세대를 향한 전도전략 174
관계를 통한 전도 174
문화콘텐츠를 통한 전도 177
미디어 사역을 통한 전도 179
멘토링과 코칭 186
지역과 함께하는 선교공동체 187
사랑의 환대와 필요중심적 전도 189

미주 192

저자 소개 203

I장

Z세대,
그들은 누구인가?

세대란 무엇인가?

우리 사회에서 세대간 소통은 매우 어렵다. 세대 갈등도 갈수록 심각해지고 있다. 이제 세대 갈등은 지역 갈등, 계급 갈등과 함께 한국 사회의 대표적인 갈등이다. 이전에는 크게 두드러지지 않았으나 최근 가장 심각한 사회 갈등의 하나로 세대 갈등이 부각됐다. 몇 년 전 출간된 《90년생이 온다》는 우리 사회에서 나타나는 세대 갈등을 가장 단적으로 보여주는 책이다. 세대 차이는 보통 부모와 자녀들 사이에 나타났다. 최근의 세대 갈등은 10년 터울에서도 나타나고 있다. 전에는 60년대생인 86세대들이 요즘 젊은 세대들을 이해하기 어렵다는 말을 많이 해왔다. 이 책에서는 80년대생들이 90년대생을 이해하기 어려운 현실을 드러내고 있다. 요즘에는 과장을 해서 "쌍둥이도 세대 차이를 느낀다"고 할 정도이다.

세대 개념은 사회학자인 '카를 만하임'(Karl Mannheim)을 따라서 동시기 출생 집단(birth cohort)을 의미한다. 동시기 출생 집단은 비슷한 시기에 동일한 문화권에서 태어나 역사적 경험을 공유한다. '카를 만하임'에 따라 유사한 의식과 행위 양식을 갖는 사람들을 의미한다. 여기서 한 세대는 대체로 부모와 자녀의 나이 차이인 30년을 의미한다. 하지만 요즘 이야기되는 세대 담론에서는 비슷한 역사 배경이나 사회에서의 사건들을 경험한 동일 경험 집단을 중심으로 세대를 구분한다. 나이에 따라서 20대, 30대 등으로 표현할 수도 있다. 하지만 비슷한 경험을 하고 자라나는 것이 10년 단위의 나이 차이로 구분되지 않는다. 그래서 세대라는 개념으로 표현을 한다.

다시 말해서 유년기, 청소년기, 청년기 등 개인의 생애주기에 따른 차이와 특정한 시대 상황에서 역사적 경험을 하는 것은 서로 다르다. 그래서 같은 시기에 출생한 사람들을 '세대'로 분류하여 분석할 필요가 있다. 흔히 "넌 늙어봤냐? 난 젊어봤다.", "넌 50대 살아봤냐? 난 20대 살아봤다"라고 하면서 기성세대가 젊은 세대를 다 아는 것처럼 말한다. 하지만 지금의 20대와 기성세대의 20대는 아주 다르다. 60년대생이 경험한 20대와 2000년대생이 경험하는 20대는 사회 환경이나 역사 경험이 전혀 딴판이다. 따라서 단순히 연령대보다는 세대가 중요하게 이야기 된다.

이제까지 세대 담론은 특별히 갈등을 의미하기보다는 세대별 특징을 가리키는 말로 사용되었다. 그러나 90년대 이후 '신세대' 담론이 크게 나타나면서, 세대 간 의식 차이가 두드러지게 나타나고 있다. 세대 간 차이가 우리 사회의 대표적인 갈등으로 인식되기 시작하였다. 90년대에 시작된 신세대 담론은 주로 1970년대에 출생한 젊은이들의 특징과 관련하여 언급된다. 이전 세대들이 누리지 못했던 경제적 풍요, 정보화와 지구화, 민주화, 교육 자율화, 대중 소비 문화의 발달이 배경이 되었다. 그 이후에 청년 세대와 기성세대 사이의 갈등이 격화되면서 청년 세대를 이해하기 위한 다양한 표현이 등장하였다. 그 가운데 X세대는 캐나다 작가의 소설 제목으로, 등장인물들이 1960년대에서 70년대 출생 청년들인 데서 유래하였고 N(Net)세대는 1977~1997년에 태어난 청소년들을 가리킨다.

　최근에는 밀레니얼 세대로 표현되는 Y세대를 거쳐서 Z세대에 이르고 있다. X세대 이후 등장한 M세대는 밀레니엄 세대라 말한다. 2000년대를 성인으로 맞이한 첫 세대를 의미한다. 그러나 이러한 세대 구분이 엄밀한 것은 아니다. 학자에 따라서 다소 다른 기준으로 구분하기도 한다. 최근에는 대체로 10년 안팎을 기준으로 삼고 있다. 이렇게 세대 차이를 보다 촘촘하게 논의하게 된 데에는 현대 사회가 급변하기 때문이다. 어느 사회나 변화의 과정 중에 있지만, 특히 한국 사회는 다른 사회에 비해 변화의 속도가 훨씬 빠르다. 근대화의 경험만 해도, 서구에서는 200년에서 300년에 걸쳐 서서히 이루어졌다. 이에 반해, 우리 사회는 50년에서 60년 정도에 걸친 매우 짧은 시기 동안에 일어났기 때문에 흔히 '압축적 근대화'라고 할 정도로 급격한 변화를 경험하였다.

이러한 근대화 과정은 경제 영역뿐만 아니라 사회의 모든 영역에 영향을 가져왔다. 그 결과 엄청난 변화를 가져왔다. 하지만 이러한 변화는 사회 모든 분야에서 동일하게 일어나는 것이 아니다. 어떤 분야에서는 서양의 어느 나라 못지않게 진일보한 특징을 보인다. 반면 어떤 분야에서는 매우 전통적인 특징을 그대로 나타내기도 한다. 그래서 우리 사회는 탈현대적인 특징도 나타나지만, 어떤 부분에서는 근대적인, 심지어는 전근대적인 모습을 보여주기도 한다. IT 강국으로 최첨단을 달리면서도 설날과 같은 전통을 중시하거나 회사 기념식 때 돼지 머리를 올려놓고 고사를 지내는 것이 대표적이다. 또한 '레트로', '뉴트로'라는 식으로 젊은이들 사이에 복고풍이 유행하기도 한다. 이것이 우리 사회를 서양과 동일선 상에서 이해할 수 없는 이유이다. 그러면 우리 사회에서 주목의 대상이 되고 있는 Z세대를 더 깊이 파헤쳐보자.

Z세대의 등장

우리 사회에서 더욱 큰 관심의 대상이 되는 것은 Z세대이다. 한동안 청년들을 가리켜서 말해온 MZ세대 중에서도 더 젊은 세대에 집중해서 보는 것이다. MZ세대는 1980년대 초반-1990년대 초중반에 출생한 밀레니얼(M) 세대와 1990년대 중반~2000년대 초반 출생한 Z세대를 통칭한다. 이들은 디지털 환경에 익숙하고, 최신 트렌드와 남과 다른 이색적인 경험을 추구한다. 그리고 민주화와 경제 발전에 따른 과실을 어렸을 때부터 누렸고, 궁핍했던 경험을 해본 적이 거의 없다. 그래서 가난을 겪어본 기성세대와 문화적 괴리가 상당히 심하다.

Z세대는 40대하고도 차이가 심하다. 40대는 주로 과거의 신세대를 말하던 X세대와 겹친다. 크게 보면 모두 초기 성인기에 속하지만 우리 사회에서 이들은 삶의 경험도 다소 다르고 삶의 방식에서도 차이가 난다.[1]

40대는 이전의 86 세대와 비슷하게 사회에 대한 관심도 크고 나름의 역사 의식도 있다. 그러나 개인주의가 더욱 심화된 MZ 세대는 거대 담론에는 큰 관심이 없다. 그들은 미시적인 차원을 중요하게 생각한다. '더 나은 미래'에 대한 기대 역시 시대에 따라 다르다. 같은 '정의로운 사회'를 말해도 80년대 청년 세대가 추구한 정의와 오늘 90년대생들이 지향하는 '정의'는 확연히 다르다.[2]

공정에 대한 인식도 다르다. 기성세대와 40대가 사회 전반의 공정과 결과적 공정성을 더 중시하는 경향이 있다. 하지만 2030 세대는 과정의 공정성과 노력에 대한 대가로서의 공정성을 중시한다. 이들은 IMF 사태와 글로벌 금융위기 이후 단 '1점' 차이로 대학, 직장이 갈리는 극한 경쟁 시스템 속에서 자랐다. 동시에 여성의 대학 진학률이 남성을 앞지를 정도로 성 평등의 환경에서 자라났다. 또한 촛불혁명이라는 유례없는 경험을 한 세대다. 이는 공정하지 않은 처사를 마주할 때, 격렬히 분노하는 특성을 만들었다. 그래서 이들은 '인국공 사태'2020년 인천국제공항공사는 1902명 보안검색요원을 청원경찰 형태로 정규직으로 전환한다는 발표했음에서 나타난 것처럼, 자격이 없는 이들에게 기회를 주는 것은 공정하지 않다고 생각했다. 그리고 사회의 책임을 개인에게 묻는 것은 공정하지 않다고 생각한다.[3] 이 책은 당시에 20대였던 90년대생들에 대해서 말했지만 이들 중 일부는 지금 30대가 되었기 때문에 30대들도 이러한 특성을 공유한다고 볼 수 있다.

취업이 어렵고 경제 상황이 나빠져서 어두운 미래를 만든 것은 기성세대의 책임이라고 생각한다. 기성세대가 Z세대에게 나태하고 미래를 준비하지 않는다며, 자신들을 비난하는 것을 받아들이지 못한다.

밀레니얼 세대와 Z세대도 하나의 동질적인 세대가 아니라는 논의들이 발전하였다. 그래서 Z세대를 집중 조명하기 시작했다. 20년 범위에 해당하는 MZ세대를 하나로 보기보다는 각각의 삶의 경험에 따라 분리해서 특성을 분석해야 한다. 앞에서 말한 바와 같이, Z세대는 대체로 1995년 전후부터 2005년 전후까지를 출생 시점으로 한다. M세대보다 10년 정도 후에 태어난 이들은 현재 기준으로 대략 20대에 해당한다. 2025년 현재 20대 인구는 5,858,472명으로 전체 인구의 11.4%를 차지한다. 저출생의 영향으로 20대 이하 인구는 갈수록 줄어들고 있다. 가장 많은 50대가 8,692,664명으로 17.0%를 차지하는 것에 비하면 20대는 상대적으로 적다. 하지만 Z세대는 우리 사회를 이끌어갈 세대라는 점에서 매우 중요한 의미를 갖는다.

Z세대의 사회학적 특징

Z세대가 자라난 사회 환경은 단순하지 않다. 이들이 가난을 모르

고 자랐다고 해서 이들의 삶이 평탄한 것만은 아니다. 이들은 어린 시절 IMF 시기를 겪은 부모 세대의 경제적 어려움을 보았다. 자신들 스스로 가난을 경험하지는 않았으나 부모 세대의 경제적 상실을 간접 경험했다. 그리고 세월호 사건을 겪으며 우리 사회에 대한 문제에 눈을 떴다. 이후에는 코로나 팬데믹 시기를 거치면서 청소년기 또는 청년기를 보냈다. 이들이 자라난 환경이 결코 녹록지 않으며 사회문제에도 예민한 감각을 갖게 되는 분위기에서 자라났다.

또한 저출생이 심해지며 인구 감소 시기를 살아가는 첫 세대이다. 경제적인 자립이 쉽지 않고 혼인 제도에 대한 불만으로 결혼을 당연한 것으로 받아들이지 않는다. 하지만 사회적으로 결혼과 출산이 강조되면서 가치관의 혼란과 부담을 느끼고 있다. Z세대들은 행복과 자기만족에 무게 중심을 두는 성향이 강하다.[4]

이러한 성향 때문에 결혼하고 출산을 하여 타인과의 비교와 경쟁 속에서 부담감과 불안함을 가진 채 살아가기를 원하지 않는다. 자기 자신에게 집중하면서 편안한 환경 속에서 살기를 원하는 경향이 강하다. 불안하고 불확실한 시대를 살아가면서 안정을 이루는 것이 우선이라고 생각한다. Z세대는 결혼을 미루거나 비혼을 택하는 것이다.[5]

'목회데이터연구소'에서 분석한 통계조사 결과에서도 이러한 특징을 발견할 수 있다. Z세대들에게 상반되는 10개 단어 쌍을 제시하고, 본인의 특징과 더 가까운 단어를 선택하도록 했다. 그 결과, Z세대는 '**신기술 적응 속도가 빠르며**'(68%), '**획일성보다는 다양성을 추구**'(64%)하고, '**규제보다는**

자유를 선호'(62%)한다고 응답했다. 또, '권위적이라기보다는 수평적'(52%)이고, '사회 이익보다는 개인 이익을 추구'(52%)하는 성향이 상대적으로 높은 특징을 보였다.[6]

[그림] Z세대가 스스로 생각하는 성향* (%)

※ 출처: 한국리서치 여론 속의 여론, 'Z세대에 대한 인식과 오해', 2023.03.22.(Z세대 만 18~28세 313명, 웹조사, 2023.02.10.~02.27.)

    Z세대의 사회적 특징은 무엇보다 2000년대 초반 정보기술(IT) 붐과 함께 유년 시절부터 디지털 환경에서 자라온 세대라는 점이다. 아날로그 시대를 전혀 경험하지 않은 완벽한 디지털 세대이다.[7] 기성 세대는 직장 생활을 하던 청장년기에야 인터넷과 스마트폰을 사용하기 시작했고, M세대 역시 청소년기에 이러한 경험을 했다. 이에 반해 Z세대는 태어날 때부터 또는 매우 어린 시절부터 이미 디지털 환경을 경험했고, 이

러한 환경에서 성장했다. 따라서 아날로그 시기에 대한 기억이 없으며, 태어나면서 디지털 환경 속에서 성장하여 온 세대이다. 이들에게 인터넷과 스마트폰은 선택이 아닌 필수이다. Z세대는 '디지털 원주민(digital native)'이다.

이전에는 인터넷 연결을 위해서 많은 시간과 비용을 들여야 했으나 Z세대는 언제 어디서나 이미 인터넷에 연결되어 있는 초연결 사회에서 자라났다. 그래서 이들을 I세대라고도 부른다. I세대란 '인터넷을 활용하며 개인주의적인 모습을 보이는 세대'라는 뜻으로, 《i Gen》과 《Generations》의 저자인 진 트웬지(Jean M. Twenge) 교수가 사용한 개념이다. 이전 세대는 자신이 알고 싶은 내용을 검색하기 위해서는 컴퓨터 앞에 앉아 포털 사이트에 검색어를 넣었다. 지금은 스마트폰으로 언제 어디서나 검색할 수 있다. 이러한 Z세대는 모바일 및 디지털 환경에 노출되어 자란 세대로 스마트폰을 신체 일부처럼 사용하여 '포노사피엔스(phono sapiens)'세대로 불리기도 한다. 특히, 정보를 스마트폰 애플리케이션을 활용하여 취득하고, 스마트폰을 이용해 때와 장소를 구애받지 않는다. SNS라고 불리는 소셜미디어를 통해 세상과 소통한다. 애플리케이션을 통해 온라인에서 자신의 관심사나 취향이 비슷한 사람과 함께하며 어울리는 것에 익숙하다.[8]

그리고 이전 세대는 텍스트로 검색을 하고 텍스트로 만들어진 정보를 습득했다. Z세대는 유튜브 세대이기 때문에 모든 정보는 시청각화되어 매우 입체적이고 실제적이다. 텍스트를 시각이나 청각으로 전환할 필요 없이 곧바로 감각으로 받아들인다. Z세대는 활자보다 시각적 매체로 커뮤니케이션을 하는 것에 익숙하고 시각적 영상물을 즐겨본다. Z세대의 커뮤니케이션 방식은 글자에서 이미지로 다시 영상으로 그리고 생중계 영상으로 진화되어 가고 있다.[9] 이러한 환경에서 코로나 사태로 사회적 거리두기를 하면서 비대면 활동을 강요당한 Z세대는 온라인 활동에 매우 익숙하다. 이 온라인 세상은 국가 간의 경계를 넘어서 전 세계가 24시간 항상 연결되어 있다. 가장 대표적인 Z세대의 아이돌 BTS의 세계관이 국경을 초월해서 공유되고, 한국에서만 아니라 글로벌 세계에서 강력한 인기를 구축할 수 있었던 이유이다.

    Z세대는 라이프스타일도 다르다. MZ 세대가 '워라밸'(Work-Life Balance)을 추구한다고 하지만 Z세대는 '워라블'(Work-Life Blending)을 추구한다는 점에서 차이가 있다. 워라블이란 '일과 삶을 융합하다'라는 의미의 영어 단어를 줄인 말로, 업무와 일상의 분리와 균형을 추구하는 '워라밸'에서 파생된 용어이다. 워라블은 업무와 일상을 적절히 조화시키는 라이프 스타일이다. 이러한 워라블은 코로나 대유행 이후 재택근무를 하는 기업과 직장인들이 늘어나면서 더욱 주목을 받고 있다. 워라블을 선호하는 사람들은 업무에 시너지를 낼 수 있는 취미 생활이나 자기계발 활동을 삶에서 이룬다. 일상에서 일과 관련된 영감을 얻으며 일과 삶을 적절히 블렌딩 하는 것이다. 퇴근 후에 자신의 관심 분야를 공부하는 직장인 '샐러던트'* 자신의 취미나 재능을 활용해 콘텐츠를 제작하는

---

*   샐러던트는 직장인을 의미하는 샐러리맨(salaryman)과 학생을 의미하는 스튜던트(student)의 합성어로, 공부하는 직장인을 말한다.

'직장인 유튜버' 등이 워라블의 예이다.[10]

소비 형태로 본 Z세대의 특징

기성세대는 물품을 구입하기 위해서 동네 시장을 방문했다. 이후에는 대형마트가 등장하여 백화점에서 파는 고급 상품이 아니라 일상생활에서 필요한 물품들을 손쉽게 구입하게 되었다. 우리나라 최초의 대형마트인 이마트는 1993년에 등장하여 20년 가까이 우리 삶을 지배해 왔다. 입지조건이 좋은 주택은 대중교통이 편리한 역세권이 아니라 대형마트가 가까이 있는 곳이라는 인식이 형성될 정도이다. 그러나 최근 뉴스에서는 대형마트의 수익이 갈수록 줄어들어 크게 쇠퇴하고 있다는 소식들이 끊이지 않고 있다. 사람들이 직접 매장에 가기보다는 집에서 모바일로 손쉽게 쇼핑을 하게 되었기 때문이다. 내 손 안에 있는 스마트폰에 모든 세계가 들어와 있는 것이다.

소비성향이 중요한 것은 현대 사회에서는 이것이 타인과 자신을 차별화하고 자신을 표현하는 방식이기 때문이다. 현대인들은 소비성향을 통해서 자신의 정체성을 강하게 드러낸다. 《액체 근대》로 유명한 지그문트 바우만(Zynmunt Bauman)은 현대 사회의 특징을 소비에서 보았다. 근대사회에서는 생산이 중요했지만 이제는 소비가 사람들의 정체성을 구성한다.[11] 소비자들이 만족감을 얻기 위해 시간과 상품과 서비스를 결합시키는 모든 활동이 바로 소비 행위이기 때문에 현대인의 특징을 가장 잘 드러낸다.

Z세대는 소비 형태도 다르다. 이들은 외환위기, 금융위기로 인해 유년기에 긴축 재정과 함께 성장 정체를 경험하였다. 그래서 불확실한 미래를 걱정하며 성장하였다. 이러한 환경은 Z세대가 합리적인 소비를 하고 합리적인 의사결정을 하게 하는 바탕이 되었다. 기성세대가 다른 사람들과 구별짓기 위해 명품을 구입하면서 과시형 소비를 했다면 이들은 브랜드 가치보다 실용적인 가치를 추구한다. 품질 중심의 합리적인 소비를 하는 성향이 강하다.[12] Z세대는 스마트폰 사용과 함께 성인이 되었기 때문에 모바일 기술을 활용하여 제품을 비교하고 검색하는 것이 매우 자연스럽다. 그리고 이러한 행위가 합리적인 의사결정을 할 수 있게 한다.

이러한 특성을 가진 Z세대는 가치 소비를 지향한다. 가치 소비란 자신이 가치를 부여하거나 본인의 만족도가 높은 소비재는 과감히 소비하지만, 가격이나 만족도 등은 꼼꼼히 따져 합리적으로 소비하는 성향을 말한다. 경기가 좋을 때는 남들에게 보이기 위해 소비하는 과시 소비가, 경제 위기 때에는 무조건 아끼는 알뜰 소비가 유행하는 경향이 있다. 가치 소비는 남을 의식하는 과시 소비와는 다르게 실용적이고 자기 만족적인 성격이 강하다. 그러나 무조건 아끼는 알뜰 소비와는 다르게 무조건 저렴한 상품이 아니라 가격 대비 만족도가 높은 제품에 대해서 과감한 투자를 하는 것이 가치 소비이다.[13]

이것은 최근에 나타나는 '요노' YONO(You Only Need One) 트렌드와도 관련된다. 이전에 MZ세대는 **'한 번뿐인 인생 지금을 즐기자'**라는 의미의 **'욜로'**(YOLO: You Only Live Once)를 추구했다. 최근에는 욜로가 지고 **'합**

리적 소비를 추구'하는 '요노'가 확산되고 있다. 그만큼 이들의 경제 형편이 각박하다는 뜻이기도 하다. 그러나 요노가 허리띠를 졸라맨다는 뜻은 아니다. 유행이라는 이유로 불필요한 제품을 구입하기보다는 꼭 필요하거나 삶의 질을 향상시킬 물건만을 엄선해서 구입한다는 의미이다. 따라서 요노는 소비 자체를 줄이거나 부정하는 것이 아니라 큰 고민 없이 사들였던 소비에 대한 단절을 의미한다. 반드시 필요한 것을 탐색하고, 환경에 더 올바른 것을 선택하는 꼼꼼한 과정에서 자신의 존재감을 확인하기도 한다. 그런 점에서 요노는 불황을 통과하는 Z세대가 실용성을 기준으로 한 또 다른 형태의 가치 소비이다.

이러한 가치 소비는 Z세대의 공정성에 대한 인식과도 관련된다. Z세대는 사회의 흐름에 따른 각종 환경 정책과 주 52시간 근무제, 최저임금상승 등 근로기준법의 변화, 대통령 탄핵 등 국정 변화를 겪었다. 그래서 정의란 무엇이고 올바름이란 어떤 것인지를 생각하며 기업의 상품을 살펴볼 때에도 기업의 진정성, 진실성, 도덕성을 중요한 구매 기준 가운데 하나로 여긴다. 이러한 공정성에 대한 인식은 사회 환경에서 다양하게 나타나며 시장에서 소비자 의사결정과정에서 기업 평가에도 영향을 미친다. 우리나라 Z세대(76%)는 외국의 Z세대(66%)보다 부의 불평등을 더 크게 인식하고 있다. 부의 불평등을 유발하는 요인으로 기업 및 부유층 우호적 정책을 주요 원인으로 인식하고 있다는 연구도 있다.

그런데 Z세대의 공정성 인식은 이전 청년 세대들의 공정에 대한 인식과 다르다. 이전 청년 세대들이 공정성을 거시적이고 사회구조적인 차

원으로 인식하였던 것과는 달리 오늘의 Z세대들은 미시적이고 개인적인 차원으로 인식하고 있다.[14]

다시 말해서, Z세대의 공정성 인식은 개인의 신념과 가치로써 소비 태도를 형성하는 바탕이 되고, 이것은 시장에서 의사결정으로 영향력을 나타낸다.[15]

Z세대는 친환경 제품, 공정무역 제품 등 사회적 책임을 다하는 브랜드에 대한 선호도가 높다. 이것은 Z세대가 환경 문제와 사회 이슈에 민감하기 때문이다. 새로운 세대가 이렇게 공정과 사회적 책임을 중시하기 때문에 기업의 입장에서도 요즘 많이 이야기되는 ESG 경영에 더욱 힘쓰게 되었다.*

세대 담론에 가려진 척박한 현실

Z세대는 우리 사회에서 갖는 의미에 비해 그들의 경제 사정은 그리 넉넉하지 않다는 것이 큰 문제이다. 이들의 현실을 단적으로 보여준 《88만원 세대》라는 책이 나온 지 20년 가까이 되었다. 하지만 오늘날 청년 세대들의 현실은 달라진 것이 없다. 연애와 결혼과 출산을 포기한 3포 세대, 헬조선을 외쳤던 이전의 청년 세대와 마찬가지로 여전히 힘든 시절을 보내고 있다. 통계청 자료에 따르면, 2024년 8월 기준 청년 실업률은 8.0%로 전체 실업률(2.7%)의 3배에 달한다. 특히 6개월 이상 구직

---

* ESG 경영은 환경보호(Environment)·사회공헌(Social)·윤리경영(Governance)의 약자로, 기업이 환경보호에 앞장서며, 사회적 약자에 대한 지원 등 사회공헌 활동을 하며, 법과 윤리를 철저히 준수하는 경영 활동을 말한다.

활동을 하는 장기 실업자 중 15-29세 청년이 차지하는 비율은 32.4%에 달하며, 30대까지 포함하면 무려 55.7%를 차지한다.

Z세대의 가장 큰 고민은 취업 및 경제적 문제이다. 그리고 가장 큰 흥미를 갖는 것은 기독교인이나 비기독교인이나 '돈을 버는 것'이다. 이것은 이들이 우리 사회에서 최초로 부모보다 잘 살지 못하는 세대가 될 가능성이 크다는 것을 방증한다. 사회가 발전하면서 언제나 자녀 세대는 부모 세대보다 잘 살았지만, 지금 청년들은 그렇지 않을 가능성이 매우 크다. 그러면서 욜로, 워라밸이 자연스럽게 이들의 가치관으로 자리잡게 되었다. 앞에서 말한 바와 같이, 최근에 '욜로'가 지고 '요노'가 확산되는 것은 그만큼 이들의 경제 형편이 각박하다는 뜻이다.

[그림] Z세대의 가장 큰 고민

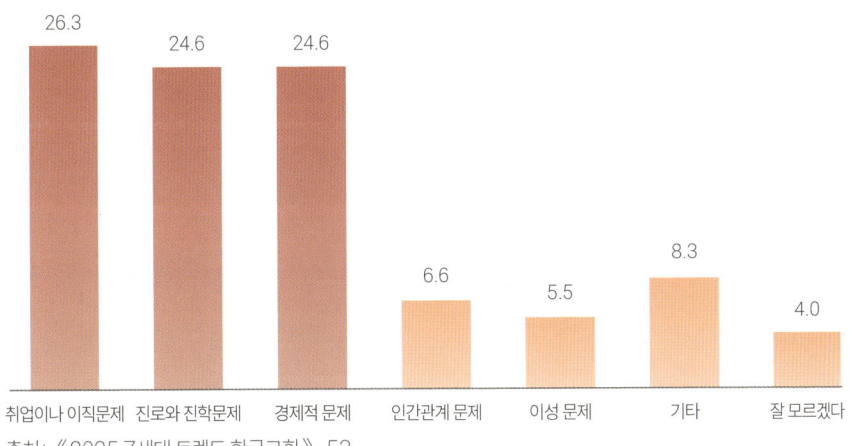

출처: 《2025 Z세대 트렌드 한국교회》, 53.

우리나라 1인 가구 가운데 가장 많은 비중을 차지하는 것은 20-34세 청년기(28.7%)이다. 평균 초혼 연령은 남성 33.7세, 여성은 31.3세로 계속 늘어나고 있다. Z세대 절대 다수가 미혼이다. 여성가족부가 발표한 '2023년 청소년종합실태조사'에 따르면, 13세부터 24세 청소년 응답자의 38.5%가 '**결혼을 해야 한다**'고 답했다. 2017년 51%, 2020년 39.1%에 이어 소폭 낮아진 수치이다. 이에 따라 결혼을 하지 않는 독신 비율은 더 늘어날 것으로 예상된다. 그런데 결혼율은 소득과 비례한다는 점이 중요하다. 통계에 따르면, 월 소득이 높을수록 결혼율이 높게 나오기 때문에 결국 경제적으로 여유가 있는 사람이 결혼을 할 수 있다는 현실을 보여준다.[16]

이러한 경향은 기독교인들에게서도 동일하게 나타난다. 기독 청년들의 결혼 의향은 경제 수준과 상관성이 있었다.[17]

다음 표를 보면, 기독 청년들의 55.6%만 결혼 의향이 있다고 응답했는데 부모나 자신의 경제 수준이 '하'인 청년들은 경제 수준이 '상'이나 '중'인 청년들에 비해 결혼 의향이 더 낮았다. 특히 결혼할 생각이 없다고 응답한 청년 남성들의 경우, 그 이유가 "경제적 여유가 없어서"가 44.0%로 가장 많았다. 기성세대는 결혼과 출산에 대한 부담을 지지 않고 개인적인 이익을 추구하는 젊은 세대가 이기적이라고 말하지만 그 이면에는 경제적인 능력에 대한 부담감이 크게 작용한다.

[표] 결혼 의향 (응답자 특성별)

구분		사례수(명)	결혼할 생각이다	아직 잘 모르겠다	결혼할 생각이 없다	계
전체		478	55.6	27.6	16.7	100.0
성별	남자	223	61.0	27.8	11.2	100.0
	여자	224	51.0	27.5	21.6	100.0
나이	20대	293	55.6	28.0	16.4	100.0
	30대	185	55.7	27.0	17.3	100.0
부모 경제 수준	상	76	59.2	25.0	15.8	100.0
	중	211	59.7	27.5	12.8	100.0
	하	191	49.7	28.8	21.5	100.0
본인 경제 수준	상	26	61.5	26.9	11.5	100.0
	중	161	66.5	21.1	12.4	100.0
	하	291	49.1	31.3	19.6	100.0

출처: 21세기교회연구소 외, "기독 청년의 사회 및 신앙 의식에 대한 조사보고서" (2022년 1월 11일), 20.

문제는 혼자 사는 1인 가구의 급증이 질병, 소외, 빈곤 등 사회병리 현상으로 발전할 수 있다는 점이다. 혼자 사는 삶이 트렌디하고 세련되어 보일 수 있지만 오히려 전통적 빈곤 문제와는 다른 차원에서 새로운 사회적 위험을 증가시킨다. 특히 1인 가구는 다인 가구에 비해 공동생활에 따른 비용 절약 효과 등이 없어 빈곤화가 더욱 심화될 수 있다. 그리고 1인 가구가 2인 이상 가구보다 고용, 소득, 주거, 의료, 안전 등에서 위험에 더 많이 노출되어 있다. 이미 오래 전부터 사회문제가 된 독거노인들의 고독사뿐만 아니라 최근에 문제가 되고 있는 MZ 세대의 고독사도 더욱 심각해질 우려가 있다. 고독사 통계에 의하면 독거노인보다 40-50대의 고독사 비율이 더 높고 20-30대에서도 일정 비율로 나타나고 있다.

우리나라 실업 통계는 미취업자 중 적극적으로 구직 활동을 하고 있고 즉시 취업이 가능한 상태만 실업자로 분류한다는 사실을 고려해야 한다. 여기에 주당 18시간 미만 근로자, 구직단념자, 그리고 '쉬었음' 인구를 포함하면 이른바 '사실상 백수' 비율은 크게 올라간다. 여기서 '쉬었음'은 취업 준비·진학 준비·군 입대 대기 등과는 다른 개념이다. 구직이나 취업 준비를 하지 않은 채 말 그대로 아무것도 하지 않고 쉬고 있는 상태를 말한다. '쉬고 있는' 청년 인구는 50만 명 안팎으로 크게 늘어나고 있다. 이들은 편안하게 잘 쉬고 있는 것이 아니라 몸이 좋지 않아서, 원하는 일자리를 찾기 힘들어서, 일자리가 없어서 쉬고 있는 상태이다.

더 심각한 문제는 쉬고 있는 청년 중 상당수가 사실상 외부와의 접촉을 끊은 채 이른바 은둔형 외톨이로 지내고 있다는 것이다. 은둔형 외톨이는 집 안에만 틀어박혀 가족 이외의 사람들과는 인간관계를 맺지 않고 6개월 이상 사회적 접촉을 하지 않는 사람을 말한다. 정부가 만 19세~34세 청년 가구원을 포함한 1만5000가구를 대상으로 한 청년 삶 실태조사에 따르면 이 같은 은둔 청년이 24만 명에 달하는 것으로 추산된다. 코로나19 이후 급속히 증가하고 있는 것으로 보이는데 청년들이 스스로의 삶에 대해 비관하고 불안이 커지며 은둔형 외톨이가 돼가는 것이다. 최근 인기를 끌었던 '미지의 서울'이라는 드라마에서도 이 문제를 다루어서 주목을 받았다. 그리고 '그것이 알고 싶다'라는 TV 프로그램에서는 쓰레기집에 사는 청년들을 조명하였는데 그 내용은 매우 충격적이었다. 이들 중 일부는 고독사로 이어지기도 하는 매우 안타까운 현실이다.

여기서 1인 가구에는 자발적 1인 가구와 비자발적 1인 가구가 있다는 점을 생각해야 한다. 이것은 1인 가구 증가의 원인 중 빈곤 문제가 있기 때문이다. 개인이 자유로이 선택한 1인 가구뿐만 아니라, 경제적인 빈곤으로 결혼을 포기하거나 가정을 부양할 수 없어서 어쩔 수 없이 1인 가구로 전락한 사람들도 적지 않다. 이러한 경우에 빈곤 문제가 해결되지 않는다면 일생을 혼자 살아야 하기 때문에 심각한 문제가 된다. 이러한 점에서 우리 사회의 갈등 문제를 단순히 '세대'라는 말만으로는 설명할 수 없다. 세대 문제의 이면에 있는 불평등과 사회 계층의 문제를 들여다보아야 한다는 것이다.[18]

Z세대와 종교

이러한 젊은 세대를 위해 교회가 역할을 감당해야 하지만 정작 젊은 세대는 종교에 큰 관심이 없다. '한국갤럽' 조사에서는 우리나라 무종교인이 역대 가장 많은 60%로 나타났는데 그중에서도 2030 세대의 무종교인이 다른 세대를 압도한다. 그 이후 '한국리서치'나 '한국기독교목회자협의회'의 조사에서도 비슷한 결과가 나왔다. 이들이 종교를 갖지 않는 이유는 종교에 대한 불신이나 실망도 있지만, 종교에 대한 관심 자체가 줄어들고 있기 때문이다. 이들은 종교가 필요하지도 않고, 도움이 되지도 않는다고 생각한다. 자신들의 척박한 현실에 대해 종교가 의미 있는 역할을 할 것이라 기대하지도 않는다. 이미 종교를 가졌던 청년들은 '꼰대' 같은 기성세대 종교인들에게 실망해서 종교를 떠났다.

교회에서 청년이 줄고 있다는 것도 어제 오늘의 이야기가 아니다. 교회 집회 때 청년들이 찬양을 인도하는 모습은 더 이상 흔한 모습이 아니다. 열린 예배를 표방하는 찬양 집회들이 곳곳에서 열리며 젊은이들이 구름처럼 모여들었을 때에는 이런 날이 올 줄 전혀 예상하지 못했다. 보수적인 교회에서 통기타를 치는 것이 용납되지 않았던 것이 얼마 전이었는데 어느 새인가 전자 기타에 드럼 세트가 강대상 옆자리를 차지하게 되었을 정도로 찬양 집회는 강력해 보였다. 그리고 이런 풍경은 시골 교회에서도 흔한 모습이 되었다. 그러나 오늘날에는 청년들이 더 이상 교회에서 보이지 않는다.

그렇다고 해서 기독 청년 수가 줄어든 것은 아니다. 2015년에 조사한 인구센서스 결과에 의하면 20대 개신교인 인구는 전체의 17.6%였고, 30대는 18.6%로 10년 전에 비하면 미세하지만 증가하였다. 10% 안팎의 불교 청년과 7% 안팎의 가톨릭 청년 인구에 비하면 두 배 가까이 많다. 2024년 '한국기독교목회자협의회'에서 발표한 내용에서, 20대와 30대 모두 20% 정도로 나왔다. 또한 '학원복음화협의회'에서 조사한 기독교인 대학생 비율도 2017년 조사에서 15.0%, 2022년 조사에서 14.5%로 나타났다. 흔히 미전도종족이라고 말하며 청년 복음화율이 5% 밖에 안 된다고 하는 교계 통설과는 큰 차이를 보여주고 있는 것이다.

[표] 연령별 종교 인구 분포

	29세이하	30대	40대	50대	60세이상
전체	19.1	24.5	33.2	42.5	50.4
개신교	20.8	20.1	21.5	17.8	21.3
불교	5.1	11.5	15.6	27.0	33.5
가톨릭	4.6	6.2	7.5	7.0	6.3
기타	0.2	0.1	0.0	0.3	0.8
무종교인	69.3	62.2	55.5	47.8	38.1
계	100.0	100.0	100.0	100.0	100.0

출처: 한국기독교목회자협의회, 「한국기독교분석리포트」(서울: 대한기독교서회, 2023), 48.

문제는 가나안 성도이다. 가나안 성도란 기독교인으로서의 정체성을 가지고 있으면서도 교회에 출석하지 않는 사람들을 가리키는 말이다.[19]

'한국기독교사회문제연구원'에서 2024년 실시한 한국인의 종교의식 조사 결과를 보면, 교회에 출석하지 않는 가나안 성도가 31%로 나와 역대 최고치를 기록했다. 2012년에 11%였고, 2017년에 20%를 넘어선 이후에 2023년에는 29%로 증가했는데 이보다 더 많아진 것이다. 이것은 개신교 신자 3명 가운데 1명은 교회에 출석하지 않는다는 뜻이다.

Z세대인 20대에서는 무려 44%가 출석 교회가 없다고 응답하여 거의 2명 중에 1명이 가나안 성도이다. 최근 젊은이들이 교회를 떠나고 있다는 소식이 끊이지 않고 있는 가운데 그 수는 엄청난 규모이다. 교회와

목회자들이 가나안 성도에 대한 문제의식을 가지고 노력을 기울이고 있다. 하지만 이러한 노력에도 불구하고 의미 있는 성과를 거두지 못하고 있다. 심지어 노력을 하면 할수록 오히려 이들의 관심으로부터 더 벌어지고 있는 상황이다.

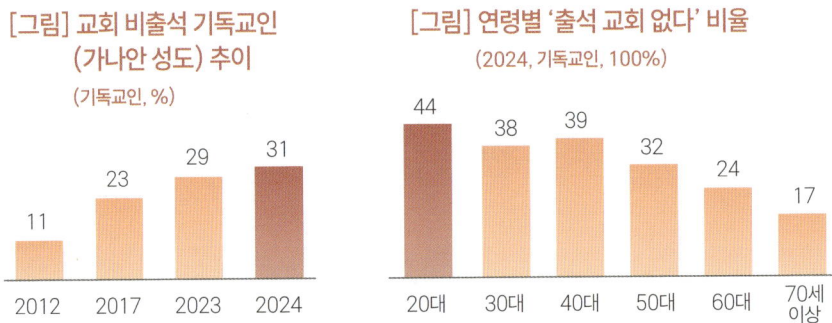

*출처 : 기독교사회문제연구원, '한국인의 종교의식'(전국 만18세 이상 국민 2152명 온라인조사, 한국리서치, 2024.11)

2016년 필자가 맡고 있는 실천신학대학원대학교 '21세기교회연구소'와 '한국교회탐구센터'가 공동으로 실시한 조사에서, 전 연령층 중 20대의 교회 및 목회자 만족도가 가장 낮았다. 이에 따라 현재 다니는 교회를 떠날 의향도 가장 높은 것으로 나타났다.[20] 그리고 두 기관과 '목회데이터연구소'가 공동으로 실시한 기독 청년들에 대한 조사에서는 자신들의 10년 후 신앙 전망에 대해서, 절반 정도인 53.3%만 '기독교 신앙도 유지하고 교회도 잘 나갈 것 같다'고 응답했다. 39.9%는 '기독교 신앙은 유지하지만 교회는 잘 안 나갈 거 같다'고 응답했다. 기존의 가나안 성도들 외에 현재 교회에 출석하고 있는 청년들 중에서도 40%는 가나안 성도가 될 것으로 보인다.[21] Z세대에 해당하는 20대는 '기독교 신앙도 유지하고 교회도 잘 나갈 것 같다'는 응답이 48.6%로 30대(57.3%)보다 더 적었고 '기독교 신앙은 유지하지만 교회는 잘 안 나갈 것 같다'는 41.5%로 30대(38.4)보다 더 많았다. Z세대 청년들의 신앙 상태가 총체적으로 난국에 처해 있는 형국이다.

[그림] 10년 후 신앙 및 교회 생활 지속 의향

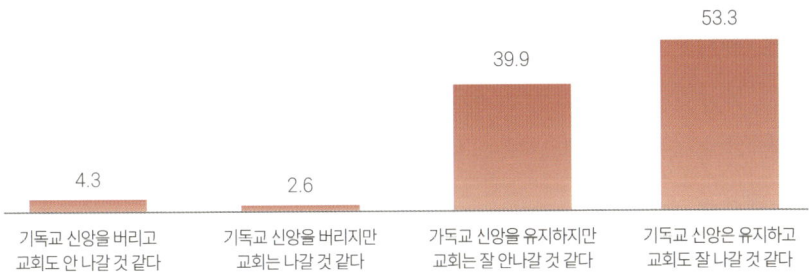

출처: 21세기교회연구소 외, "기독 청년의 사회 및 신앙 의식에 대한 조사보고서" (2021년 1월11일), 38.

앞으로의 전망은 더욱 어둡다. 작년에 '목회데이터연구소'에서 발표한 한국 개신교 장래 인구 추계를 보면, 전체적으로 신자 수가 감소하는 가운데 2030 세대 개신교인 비중의 감소세가 더욱 심할 것으로 예측되었다. 2030 세대는 개신교인 비중으로 볼 때 가장 불안한 세대이다. 2024년 26.0%인 2030세대 개신교인 비중은 2050년 16.7%로 9.3%p 감소할 것으로 예상됐다. 2024년 215만 명에서 지속적으로 줄어들어,

2030년 이후는 200만 명 아래로 떨어지고, 2050년이면 94만 명으로 통계 수치가 절반도 안되는 44% 줄어들 것으로 예측되었다. 2030세대 개신교인 수는 2000년대 초반만 해도 35% 가까이 차지했다. 2024년 현재 이미 10%p 가까이 줄어들었다. 그리고 2050년이 되면 절반 이하로 줄어들 것으로 예측되고 있다.

교회에서 청년들에 대하여 다시 생각해보자. 대부분의 교회에서 기성세대들은 자신들의 관점에서 청년들을 예단하였다. 자신들은 학업이나 직장 생활을 열심히 하면서 교회 봉사도 충실하게 했다고 말하면서 요즘 청년들은 그렇지 않다고 비난한다. 그러나 이전 세대가 경험한 사회와 오늘날 사회의 모습은 매우 다르다. 신자유주의의 기조 아래 청년들의 경제 상황도 이전과는 비교가 안 될 정도로 매우 어렵다. 코로나 사태 이후에 청년들의 취업 상황은 최악의 수준에 이르렀다. 따라서 기성세대들은 자신들의 제한된 경험을 기준으로 오늘날의 청년들을 섣불리 판단해서는 안 될 것이다.

그러나 정작 교회에서 청년 세대들에 대한 관심은 매우 적다. 말로는 '다음 세대'가 중요하다고 말한다. 하지만 구체적인 방안은 서 있지 않고 예산 배정도 충분하지 않다. 다음 세대는 언제나 다음 순위로 밀리고 있다. 한때는 88세대니 N포 세대니 하면서 청년들에 대한 담론이 이렇게 저렇게 형성되었다. 하지만 코로나 사태 이후 큰 어려움에 빠진 교회는 청년들에게 특별한 관심을 가질 여유조차 없었다. 그럼에도 불구하고 우리 사회와 교회의 미래를 살아갈 청년들은 매우 소중한 존재들이다. 이들이 바로 서지 않으면 교회의 미래는 더욱 절망이다. 따라서 이들의 상황과 형편을 이해하고 교회와 사회에 대한 청년들의 인식을 파악하는 것은 매우 중요하다. 이를 바탕으로 교회는 새로운 세대와 소통하며 온전한 공동체를 이루어나가야 한다.

Z세대와 교회

자신의 개인적인 삶보다는 직장 등 사회적인 삶을 중시해온 기성세대는 개인 생활이 다소 침해받더라도 조직을 위해서 희생하고 헌신하는 것을 당연시해왔다. 그러나 요즘 젊은 세대는 직장도 자신의 삶을 위해 하는 것이라고 생각한다. Z세대는 다른 사람 눈치를 보지 않으며 다른 사람들의 시선을 의식하지 않는다. 직장에서 칼퇴근은 당연한 것이고 회식도 좋아하지 않으며, 개인의 삶을 즐긴다. 일과 삶의 균형을 중시하고 현재의 행복한 삶을 지향한다. 기성세대는 이런 젊은 세대가 못마땅해서 한마디 하곤 하지만 젊은 세대들은 이들을 '꼰대'라고 여긴다.

교회에서도 마찬가지이다. 은퇴를 전후한 기성 목회자들은 가정도 돌보지 않고 오로지 목회만이 하나님의 일이라 여기며 온 힘을 쏟으며 매진했다. 하지만 요즘 목회자들은 가정을 돌보는 것도 '사역'이라 여기며 목회와 똑같이 중시한다. 성도들도 과거에는 교회에서 장로가 되는 것을 매우 명예롭게 여기며 헌신의 기회로 삼았다. 요즘의 장로들은 교회에서 시키니까 거절하지 못해서 하는 경우가 많고 젊은 세대들은 아예 장로가 되는 것을 거부하는 풍토 속에 있다. 이러한 관점에서 세대에 따른 인식의 차이가 뚜렷하게 나타난다. 그리고 사회 곳곳에서, 교회에서 갈등을 일으키고 있는 현실이다.

교회에 대한 청년들의 평가는 긍정적이지 않다. '한국기독교목회자협의회'에서 코로나 사태 초기에 한국교회의 대응에 대하여 조사했다. 교회예배/교회모임 자제, 교회 방역과 감염예방 수칙 준수, 감염자 및 의료진, 사회적 약자, 자영업 피해자 등에 대한 기도와 물질적 후원 등에 대해서 60% 수준으로 긍정적인 평가가 높지 않았다. 그런데 20대와 30대는 다른 연령층에 비해 더 부정적이었다. 여러 항목들에서 40~60대 이상의 연령층이 60% 이상의 긍정 평가를 하고 있지만, 젊은 층에서는 대부분 60% 미만의 낮은 평가를 하고 있다. 전체적인 대응에 대해서도 20대 50%, 30대 53%로 부정적인 평가를 하고 있다.

기독 청년 의식조사에서도 교회와 관련된 여러 항목들에 대하여 청년들의 평가가 매우 좋지 않았다. 교회에 대한 평가 항목에 대부분 50~60% 정도만 동의했다. 그 중에서도 '시대의 변화에 잘 적응한다.'(45.0%), '사회문제 해결이나 통합에 기여하고 있다'(48.4%)에 가장 낮게 평가하였다. 그리고 '국가적인 재난 상황에서 정부 정책을 잘 따르고 있다'에 대해서도 2명 가운데 1명인 51.6%만 동의했다. '코로나19 확산에 있어 기독교의 책임이 크다'에 대체로 동의(70.6%)하는 것으로 조사되었다. 기독 청년들은 교회의 코로나19 상황 대처에 대해서 매우 부정적으로 평가했을 뿐만 아니라 교회가 사회와 소통하지 못하고 시대에 뒤떨어져 있다고 보는 것이다.

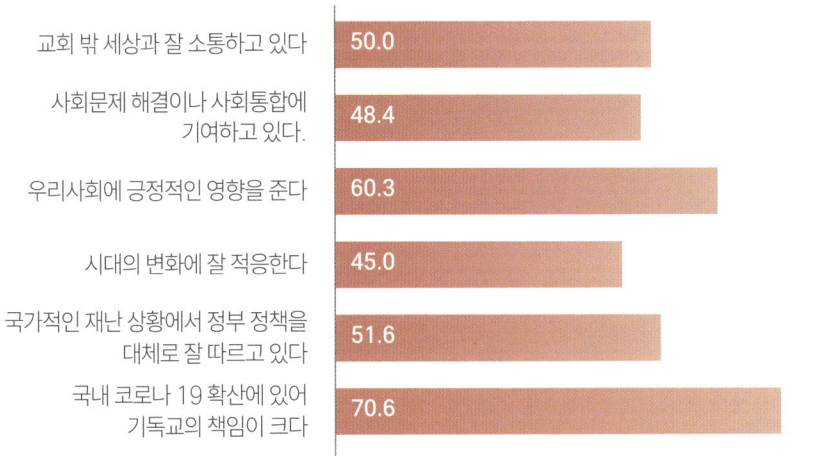

출처: 21세기교회연구소 외, "기독 청년의 사회 및 신앙 의식에 대한 조사보고서" (2021년1월11일), 42.

　　결과적으로 Z세대는 한국교회를 신뢰하지 않는다. '다음시대연구소' 《2025 Z세대 트렌드와 한국교회》 따르면, 한국교회를 신뢰한다는 응답은 20.8%로 매우 낮았고, 신뢰하지 않는다는 응답이 70.3%로 신뢰한다는 응답의 3배가 넘었다. 특히 비기독교인 Z세대에게 한국교회에 대한 인상은 더욱 좋지 않았다. Z세대 10명 중 8명은 한국교회를 신뢰하지 않고, 향후에도 '본인의 종교로 기독교를 선택할 의향이 없다'고 답한 이들이 82.6%에 달했다. 교회에 대한 호감이 없는 이유는 '교회의 본질과 사명을 잃어버렸기 때문'(31.6%), '언행일치가 안 되는 기독교인들 때문'(29.6%)이 가장 많았다. 기독교인이 아닌 Z세대의 한국교회 신뢰도와 호감도가 전반적으로 낮다는 걸 보여준다.

《2025 Z세대 트렌드와 한국교회》 조사에서 보면, 기독교인 역시 '한국교회를 신뢰하지 않는다'고 답한 비율도 40%에 육박했다. 이들은 한국교회 개선점으로 '팽창·물질주의 극복'(26.2%) '사회 공공성 회복'(17.5%) '목회자의 권위주의'(16.5%) '교회 공공성 회복'(6.8%) 등을 들었다.[22)] 그래서 교회를 떠난 청년들도 적지 않다. 교회는 자신들의 상황이나 현실적인 어려움에 대해서는 관심이 없다. 그저 어른들의 말에 순종하고 헌신하기만을 요구한다. 취업이나 생계 문제는 스스로 잘 해결하고 교회에 와서는 신앙 얘기만 하라고 한다. 앞에서 언급한 기독청년 조사 결과에 따르면, 교회에 열심히 다녀도 자신들의 삶이 더 나아질 거라는 희망도 갖기 어렵다고 생각한다. 게다가 교회는 더욱 보수화되고 배타성이 강해져서 교회 안에 있는 것을 답답하게 여긴다. 그래서 Z세대들 사이에 더 이상 교회에 다니기 어렵다는 생각이 늘어나고 있다.

[그림] Z세대의 한국교회 신뢰도

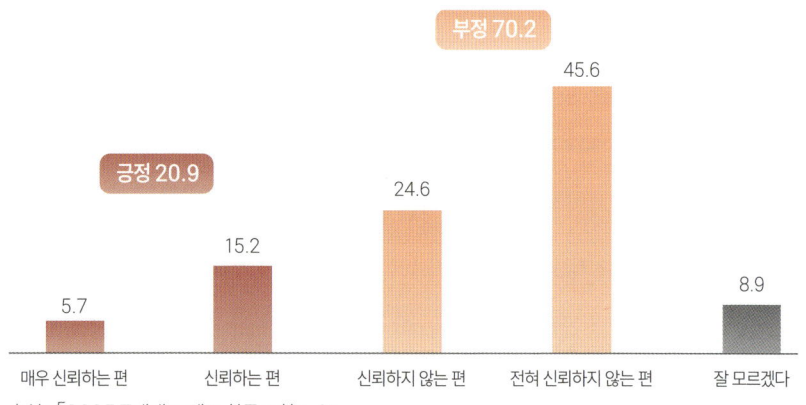

출처: 「2025 Z세대 트렌드 한국교회」, 61.

교회의 미래를 생각하면 청년들이 소중하지만, 이들은 헌금도 많이 내지 않고 성경도 열심히 읽지 않고 예배와 집회에도 잘 참석하지 않아서 교회에서 인정받지 못한다. 교회에서 젊은이들은 너무 어린 존재들이다. 주요 의사 결정을 하는 장로와 중직자들은 60세를 훌쩍 넘은 어르신들이다. 고령사회이니 고령 인구가 많은 것은 당연하지만 문제는 젊은이들과 소통이 잘 되지 않는다는 것이다. 그래서 이들은 의사결정 과정에서 배제되어 있고 발언권도 갖지 못한다. 설령 발언권을 준다 해도 귀 담아 들으려하지 않는다. 그래서 Z세대는 불편한 자리에 끼고 싶어 하지 않는다. 이제 기성세대는 이들의 목소리에 귀를 기울여야 한다.

기성세대와 다른 Z세대의 신앙관

Z세대의 신앙을 알기 위해서 교회는 먼저, Z세대의 정서와 문화를 이해해야 한다. 단순히 잃어버린 세대, 교회를 떠난 세대로 보고 그들을 교회로 데려오는 것에 급급하기보다 이들의 현실적인 어려움과 아픔, 고통에 민감하며 이들의 영적인 필요에 집중해야 한다. Z세대의 빈 자리를 채워서 이전의 교회 모습으로 돌아가기를 꿈꾼다면 오히려 실패할 가능성이 높다는 점에 유의해야 한다. 따라서 목회의 효율성으로 접근하기보다 통전적으로 접근을 해야 한다. 이들이 필요로 하는 종교 서비스를 제공하고 기성 세대와 같이 교회에 대한 충성을 기대하려 한다면 이들의 탈종교적 성향을 제대로 파악하지 못하는 것이다.[23]

이를 위해서 Z세대 신앙관의 변화에 주목해야 한다. 이들은 기존의 5060세대의 신앙 경험과 다르고 신앙에 대한 생각에서도 차이가 난다. 5060세대는 한국교회의 성장기에 청소년기를 보냈다. 이들이 주일학교에 다니고 학생회 활동을 하던 시절은 주로 70-80년대로 한국교회가 폭발적인 성장을 이루며 전성기를 보내던 때이다. 신앙에 대한 열정이 넘쳐나고 너도나도 교회 활동에 헌신하였다. 학생 수련회는 학생회의 가장 큰 행사였고 가을에 했던 '문학의 밤'에는 교회 오빠, 누나들을 보려고 교회 다니지 않는 학생들도 거리낌 없이 교회를 찾아왔다. 전국에 있는 기도원에 기도자들이 줄을 잇고 교회들마다 수련관을 지어서 각종 수련회를 예약 받느라 정신이 없었다. 교회 밖에서도 캠퍼스를 중심으로 한 학생선교단체가 크게 활성화되었고 해외선교사 지원도 넘쳐나던 시절이다.

그러나 Z세대의 경험은 전혀 다르다. 이들이 어린 시절에는 한국교회가 이미 정체기로 돌아선 후였고 교회 분위기에서도 활력이 잦아들었다. 이전 세대에는 교회에 다니지 않는 아이들도 부활절이나 성탄절에는 쉽게 교회 문턱을 넘었으나 이 시기부터 이런 모습이 자취를 감추기 시작하였다. 학생들은 입시에 전념하고 방과 후에도 사교육을 받느라 교회 활동을 비롯해서 취미 활동을 할 여유가 사라졌다. 교회학교나 학생부는 거의 교인들의 자녀들로 채워지게 되었다. 이전 세대는 불안정한 사회 상황 속에서 기독교 세계관을 확장시키기 위해 애를 썼다. Z세대는 오히려 다양한 가치와 다원화된 세계관 속에서 신앙적 판단을 하기가 어려운 상황에서 신앙생활을 하고 있다. 선악의 이분법이나 성속의 이원론으로 구별하기가 힘들어졌다.

　이러한 상황에서 이들의 신앙도 매우 다양한 결로 분화하게 된다. 교회에 다니면서 당연한 진리로 받아들였던 내용들에 대해서 의구심을 품기도 한다. 구원의 확신을 그렇게 단순하게 생각하기 어렵다고 하고 기독교 교리도 기계적으로 받아들이지 않으려고 한다. 과학과 신앙, 과학과 예술 등 다양한 학문 영역에 관심을 가지며 일반 학문들을 세속 학문이라고 하여 배제하려고 하지 않고 자신의 신앙 관점에서 이해하려고 노력한다. 또한 다른 종교에 대해서도 맹목적으로 비난하기보다는 한 사회의 구성원으로서 존중하고 함께 공존할 수 있다는 생각을 받아들인다. 이러한 이유로 기존의 신앙관으로 바라보게 되면 이들의 신앙은 매우 불안정하고 연약해 보인다.

　이것이 설문 조사 결과에서 청년 세대의 신앙 단계 가운데 초신자와 낮은 단계의 비율이 높게 나오는 이유이다. 다음 표에서 보면, 청년들의 신앙 단계는 초신자인 1단계가 가장 많은 것을 볼 수 있다. 1단계가 38.2%, 2단계가 29.5%로 이 둘을 합하면 67.7%로 3분의 2를 차지한다. 특히 가장 나이가 어린 19-24세에서는 초신자에 해당하는 1단계가 40%나 되는 것을 볼 수 있다. 이것은 전체 연령대 신자들의 평균에서 1단계가 19.3%, 2단계가 21.3%였고, 3단계가 38.8%, 4단계가 20.6%로 3-4단계가 60%에 해당하는 것과는 대조를 이룬다.[24]

[표] 청년세대 신앙 단계

	사례수	전체	19-24세	25-29세	30-34세	계
전체	(1000)		36.0	28.7	35.3	100.0
1단계	(382)	38.2	40.3	29.3	30.4	100.0
2단계	(295)	29.5	38.3	24.7	36.9	100.0
3단계	(227)	22.7	28.3	29.1	42.7	100.0
4단계	(96)	9.6	30.2	37.5	32.3	100.0

출처: 한국기독교사회문제연구원, "기독 청년 인식 조사보고서" (2023년12월13일), 11.

여기서 중요한 사실은 신앙단계가 경제 요인에 의해 영향을 받고 있다는 점이다. 경제 수준 하층에서는 1단계와 2단계라는 응답이 가장 많았고, 상층에서는 3단계와 4단계라는 응답이 많았다. 물론, 예배 출석 빈도나 직분 차이도 영향을 크게 미치는 요인이지만 이와 함께 경제 요인이 신앙단계에 적지 않은 영향을 미친다는 것은 많은 점을 시사한다. 경제적으로 여유가 있어야 신앙생활에 충실하게 임할 수 있다. 경제적으로 불안정하면 신앙생활도 불안정해진다는 것을 의미한다.

[표] 청년세대 경제수준별 신앙단계

		전체	(760)	27.1	33.6	27.0	12.4	100.0
가구소득	상		(131)	27.5	28.2	28.2	16.0	100.0
	중		(375)	25.1	34.4	30.1	10.4	100.0
	하		(254)	29.9	35.0	21.7	13.4	100.0

출처: 한국기독교사회문제연구원, "기독 청년 인식 조사보고서" (2023년12월13일), 11.

Z세대의 이러한 신앙관이 잘못 되었다고 단정하고 기존의 틀에 끼워맞추려고 하면 실패할 가능성이 높다. 이들이 기성 교회에 정착하기보다는 교회 밖으로 튕겨져 나갈 가능성이 크기 때문이다. 얼마 전에 우리 사회에서 '조용한 퇴사'가 이슈가 된 것처럼 교회에서도 '조용한 퇴교' 현상이 일어나고 있다. 이것이 실제로 Z세대에서 가나안 성도가 많은 이유이다. 이들은 자신들의 신앙관이나 신앙에 대한 태도를 이해하고 차분하게 들어줄 상대를 찾고 있다. 기존 교회들은 그럴 준비가 되어 있지 않고 그럴 여유도 없어 보이기 때문이다. 그래서 전통적이지 않고 기존의 틀에 얽매이지 않으면서 유연한 목회를 하는 교회들에 Z세대가 많이 모이는 모습을 보게 된다. 기성세대가 제시하는 틀을 받아들이기보다 자신들 스스로 새로운 방식으로 신앙의 틀을 짜고 있다. Z세대는 탈제도화된 신앙을 중요하게 생각한다.

5060 세대는 한국교회의 부흥 성장기에 교회를 더욱 성장시키는 데 관심을 가지고 여기에 헌신해 왔다. 하지만 청년 세대는 이러한 성장 중심의 신앙생활의 부작용을 보고 들으면서 탈성장 시대의 신앙생활로 바뀌게 되었다. 그들은 양적 성장보다는 질적 성숙에 더 관심을 갖게 되었다. 다시 말하면 기성세대는 한국교회라는 제도와 조직을 더욱 든든하게 하는 데 열정을 쏟았다면 Z세대는 제도 자체보다는 일상생활과 사회생활에서 신앙인으로 살아가면서 신앙을 실천하는 것을 더 중요하게 생각한다. 기성세대의 신앙을 '제도화된 신앙'이라고 한다면 MZ 세대의 신앙은 '탈제도적 신앙'이라고 표현할 수 있다.

[표] MZ세대와 기성세대 크리스천의 특징 비교

	MZ세대	5060+ 세대	
탈제도적 신앙	· 한국교회 침체기에 신앙생활 시작 · 교회학교, 학생회, 청년부 침체 · 소그룹 양육을 통해 신앙 성장 (개인 기도 선호) · 교회와 사회 관계 중시(사회에 대한 책임, 사회 봉사 중시) · 기독교에 적대적인 사회 분위기 · 다원화된 세계관	· 한국교회 부흥기에 신앙생활 시작 · 교회학교, 학생회, 청년부 활성화 · 기도원, 부흥회를 통해 신앙 성장 (통성 기도 선호) · 교회 중심 신앙(교회 봉사, 직분 중시) · 기독교에 우호적인 사회 분위기 · 기독교 세계관의 확장	제도화된 신앙

    이것은 옳고 그름의 문제가 아니다. 교회가 처음 시작되었을 때에는 제도라기보다는 신앙 운동의 성격이 강했다. 시간이 지나 신자 수가 늘어나게 되면 점차 조직화되고 제도화되는 경향을 보인다. 이러한 현상은 교회 자체를 유지하고 존속하는 데 매우 중요하다. 그러나 더 오랜 시간이 지나게 되면 제도가 지나치게 강화되면서 본래의 정신이나 가치가 약화되는 현상이 발생한다. 이것을 '목적 전치 현상'이라고 한다. 곧 목적과 수단이 뒤바뀌는 것이다.

    이 같은 현상을 바람직하다고 할 수는 없지만 거의 모든 종교와 대부분의 조직에서 발생하는 하나의 일반적인 현상이다. 교회 안에 있는 신자들 사이에는 서로 다른 경험을 하기 때문에 교회나 신앙에 대해 서로 다른 의식이 형성된다. 여기서 어느 한쪽만을 강조하거나 그것만을 위해 신앙생활을 하는 것은 바람직하지 않고 두 입장 사이에 적절한 긴장과 균형이 필요하다. 이러한 차이를 존중하여 Z세대를 기존의 목회 방식으로 접근하기보다는 이들의 영적인 관심과 필요를 감안하여 접근할 필요가 있다.

참여를 원하는 Z세대

몇 년 전 제1야당의 당 대표로 30대 청년이 선출되어 온 나라가 떠들썩했다. 데이비드 캐머런이 38세의 나이로 영국 보수당 당수로 선출됐을 때만 해도 외국이니 일어날 수 있는 일로 치부했다. 그 후 유럽이 여러 나라에서 30대 총리나 대통령이 나왔을 때도 우리나라에서는 일어날 수 없는 일이라고 생각했다. 그런데 그 일이 우리에게도 일어났다, 장유유서와 연공서열이 아직도 엄존하는 현실에서 상상하지 못했던 일이기에 '2030의 반란'으로 여겨질 정도였다. 이러한 현상이 일어난 것은 청년들이 자신의 의견이 반영될 가능성을 보았기 때문이다. 당시에 탈락했지만 홍준표 후보에게 청년들의 지지가 높았던 것도 같은 이유였다. 이후 청년들에 대한 관심이 높아졌고, 지금은 야당이나 여당이나 청년들을 위한 정책을 개발하고 있다.

젊은 세대들은 자신들의 소신을 거리낌 없이 말하고 작은 참여라도 변화를 일으킬 수 있는 일에 의미를 갖는다.[25]

SNS를 비롯해 작은 참여를 돕는 플랫폼이 다양하게 생겨나고 있는데, 이들은 이를 통해서 주변에서 벌어지는 문제들에 대해 목소리를 내고 실제로 변화가 일어나는 것을 목격하며 자라왔다. 그들은 오염수 방류 결정을 내린 일본에 대해 분노하고, 역사 왜곡을 서슴지 않는 존 마크

램지어(John Mark Ramseyer)에 대해 항의한다. 시민들을 향해 총을 쏘는 미얀마 군부독재를 반대하고, 홍콩에 대한 중국의 폭력에 대해 숨막혀 한다. 이들에게 '참여'는 너무나 자연스러운 행동이다.

최근에는 교회에서 온라인 예배가 활성화되면서 청년들이 온라인 디지털 방식을 선호하는 것으로 알려져 있지만 엄밀히 말해 청년들이 디지털 자체를 좋아하는 것이 아니라 쌍방향 소통과 참여 가능성을 좋아하는 것이다. 미국의 '바나 리서치' 보고에 따르면 밀레니얼 세대들의 온라인 예배 참여도가 예상보다 훨씬 저조한 것으로 나타났다고 한다. 이러한 상황은 한국 교회의 경우도 크게 다르지 않다. 디지털 기술에 익숙하기에 온라인 예배를 선호할 것이라는 보편적인 인식에 크게 어긋나는 결과이기도 하다. 아무리 다양하고 감각적인 콘텐츠를 제공한다고 해도 온라인 시스템을 통한 종교 생활이 일방적으로 설교를 들어야 했던 이전의 신앙생활과 다를 바 없다면 청년들은 관심을 갖지 않는다.[26]

교회에서 청년들의 소리를 들을 수 있는 창구는 매우 제한되어 있다. '목회데이터연구소' 조사에 의하면, 청년들이 생각하는 교회에서 가장 변해야 하는 문화로 **'과도한 헌신 요구'(45%)**와 함께 **'권위주의적 문화/위계질서'(44%)**가 꼽혔다. 한마디로 권위를 앞세워서 헌신만 요구한다는 것이다. 대부분의 교회에서는 청년들의 의견을 제대로 들을 준비조차 되어 있지 않다. 기독 청년 조사 결과에서 보면, '당회/교회 운영위원회 등 교회 의사결정 기구에 청년부 대표/회장이 참석해서 의견을 표현한다'(16.5%)는 경우는 매우 적었다. '담임목사/장로/집사가 청년부 리더

혹은 전체를 정기적으로 만나 의견을 청취'(19.4%)하는 경우도 비슷하게 적다. 실질적으로 청년들의 의견을 수렴하는 경우는 30%를 웃도는 정도에 불과하였다. 그리고 '청년들의 의견을 전달하는 공식적 통로가 없다'는 응답도 13.9%였다. '담임목사/장로/집사가 정기적으로 의견을 청취'하는 경우가 교회 규모가 커질수록 줄어서 교회 규모가 클수록 교회 의사결정 과정에서 청년부 참여가 매우 적은 것으로 나타났다.

[그림] 청년의 교회 의사결정 구조 참여 통로

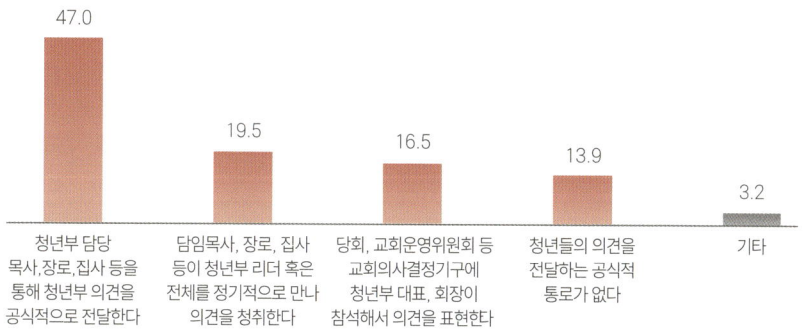

출처: 21세기교회연구소 외, "기독 청년의 사회 및 신앙 의식에 대한 조사보고서" (2021년 1월 11일), 30

이제는 교회도 청년들을 교회 운영과 사역의 주체로 세워야 한다. 단순히 교회 교육의 대상이 아니라 교회 공동체를 구성하는 주체가 되도록 해야 한다. 청년들의 의견을 수렴할 수 있는 제도적 장치를 마련해야 한다. 우선, 의사결정 과정에도 참여 기회를 주어야 한다. 아래 표와 같이, 기독 청년들은 의사결정 과정에 참여할 수 있다면, '참여하겠다' 절반 정도 응답했다. 높은 비율은 아니지만 신앙 수준이 높은(신앙단계 4단계) 청년들은 77%가 의향이 있다고 응답했다. 신앙 수준이 높을수록 강한 참여 의지를 보인 것이다. 그리고 Z세대인 20대는 M세대인 30대보다 조금 더 높은 참여 의향을 보였다. 청년들과의 소통을 위해서 의사결정 구조의 개선이 시급하다.

[표] 청년의 교회 의사결정 구조 참여 의향 (응답자 특성별)

구분		사례수(명)	전혀 의사 없다	별로 의사 없다	약간 의사 있다	매우 의사 있다	잘 모르겠다	계	비의향	의향	모름	4점 평균
전체		(474)	11.4	23.6	40.7	12.4	11.8	100.0	35.0	53.2	11.8	2.61
성별	남자	(227)	11.9	20.3	41.0	14.5	12.3	100.0	32.2	55.5	12.3	2.66
	여자	(247)	10.9	26.7	40.5	10.5	11.3	100.0	37.7	51.0	11.3	2.57
나이	20대	(220)	10.5	21.8	42.7	12.7	12.3	100.0	32.3	55.5	12.3	2.66
	30대	(254)	12.2	25.2	39.0	12.2	11.4	100.0	37.4	51.2	11.4	2.58
신앙 단계	기독교 입문층	(133)	23.3	33.8	27.8	3.8	11.3	100.0	57.1	31.6	11.3	2.14
	그리스도 인지층	(162)	6.8	19.1	49.4	11.7	13.0	100.0	25.9	61.1	13.0	2.76
	그리스도 친밀층	(118)	5.9	23.7	42.4	15.3	12.7	100.0	29.7	57.6	12.7	2.77
	그리스도 중심층	(61)	8.2	13.1	42.6	27.9	8.2	100.0	21.3	70.5	8.2	2.98

출처: 21세기교회연구소 외, "기독 청년의 사회 및 신앙 의식에 대한 조사보고서" (2021년 1월 11일), 163.

청년들이 참여하는 교회 거버넌스

한국교회와 교단에서 청년들의 참여는 제도적으로 제한되어 있다.

대부분 교단에서 총대가 되려면 우선 지교회 당회원이어야 하고 지방회나 노회의 파송을 받아야 한다. 청년은 당회에 속하지 않으니 총대가 될 수 없다. 대부분의 교단에서 장로의 자격은 40세, 적어도 35세 이상으로 제한하고 있다. 따라서 대부분의 청년들은 장로의 자격이 없다. 교회 집사 직분도 교단에 따라 25세 또는 27세 이상의 성도로 제한하고 있기 때문에 20대 초반의 청년들은 제직회에도 들어가지 못한다.

그러나 외국에서는 청년들의 참여가 활발하게 나타나고 있다. 독일복음주의교회협의회(EKD) 총회에서 25세의 여성 청년이 의장에 당선되고, 연이어 루터교세계연맹총회에서 45세 여성 목사가 사무총장에 선출되기도 하였다. 세계의 많은 교단들이 청년을 총대로 세우고 있다. 세계 연합 기관과 교단들은 여성, 평신도, 청년층에 할당제를 적용해 청년들이 의결권을 가진다.

미국장로교(PCUSA)나 미국감리교(UMC)는 총회 총대와 별도로 선교사, 신학생, 청년, 에큐메니컬 사역자로 이뤄진 자문위원단을 조직하는데, 구성원 대부분이 청년인 것으로 알려져 있다. 개교회에서도 최종 의사결정권이 당회에 있지 않고 안건을 당회에서 검토하고 제직회와 공동의회 중심으로 의결이 되면 당회가 승인하는 형태로 운영이 되고 있다. 청년에게 따로 권한이 부여되는 것은 아니지만 타운홀 미팅에 참석하면 성인 성도라면 누구나 의견을 낼 수 있는 구조이다. 한국 감리교는 5년 전에 평신도 대표는 장로여야 한다는 조항을 삭제하고, 총대 중 50세 미만인 사람도 15% 선출하도록 해서 청년들의 참여 가능성을 열어놓았다.

청년들을 포함한 다양한 부류의 사람들이 의사 결정 과정에 참여할 수 있도록 해야 한다. '목회데이터연구소' 조사에서는 젊은 세대, 여성을 포함하는 의사결정자 그룹의 범위를 확장시킬 필요성에 대해 개신교인 80.7%가 동의했다. 디지털 전환 시대에 맞도록 평신도 리더(장로 등)의 연령을 낮출 필요성에 대해서도 3분의 2인 66.6%가 동의했다. 또한 Z세대를 포용하기 위한 교회의 중점 강화 사항에 대해 Z세대와 목회자 모두 '수평적인 의사소통'을 첫 번째로 꼽았다. 'Z세대 의견 적극 수용'도 중요하게 보았다. 당장 청년들을 장로회 회원으로 선출하는 것은 교단법과도 충돌하기 때문에 쉽지 않다. 하지만 일종의 비례대표 식으로 청년들이 교회의 의사결정 과정에 참여할 수 있는 기회를 열어주어야 한다.

[그림] Z세대 포용/수용 위한 교회의 중점 강화 사항

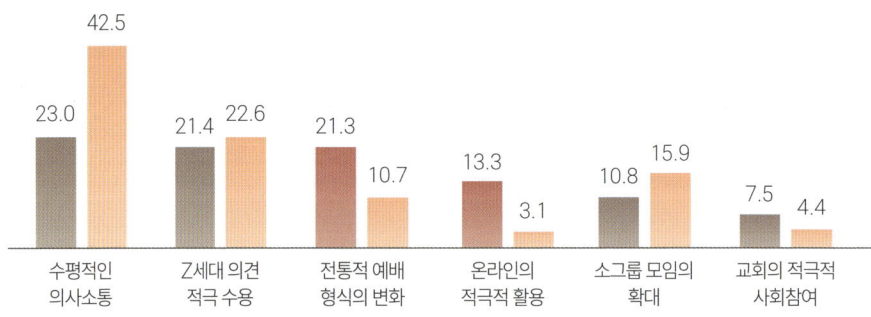

*출처 : 목회데이터연구소, '한국교회 Z세대(20대) 실태 조사' (전국의 만 19세~29세 기독교인 교회 출석자 500명, 2024년 5월 24일 ~ 6월 3일 (총 11일간)

　　이와 관련하여 교회 거버넌스에 대한 논의가 한창이다. 코로나 사

태 이후에 한국교회의 거버넌스에 변화가 필요하다는 이야기다. 사회에서도 코로나 사태 이후에는 이제까지 관행으로 여겨져온 악습들을 타파하고 개혁을 감행해야 한다는 이야기가 나오고 있다. 앞에서 이야기한 ESG 경영이 그 가운데 하나이다. 여기서 G가 바로 '거버넌스'이다. 사실 '거버넌스'라는 개념은 다양한 분야에서 서로 다른 맥락으로 쓰이고 있다. 그래서 명확한 정의를 내리기가 쉽지 않다. 국정 운영에서는 과거에 사용하던 '통치'라는 단어와 대비하여 일방적인 정부 주도적 경향에서 벗어나 정부, 기업, 비정부기구 등 다양한 행위자가 공동의 관심사에 대한 네트워크를 구축하여 문제를 해결하는 '협치' 방식을 의미한다. 그러나 일반적으로는 공동의 목표를 달성하기 위하여 모든 이해 당사자들이 투명하게 의사결정을 수행할 수 있게 하는 의사결정 구조를 의미한다. 그런데 '협치'라는 말에 담겨 있듯이 '거버넌스'라는 말 자체가 어느 정도는 '민주적이고 투명한 의사결정 구조'라는 것을 전제하여 사용되고 있다.

교회는 공동체이다. 관료제도와 다르다. 대부분의 대규모 조직은 관료제의 특징을 띠고 있고, 가장 큰 권한과 책임을 갖는 사람으로부터 상명하달 또는 상명하복식으로 의사가 결정되고 전달된다. 하지만 공동체는 이와 다르다. 소수의 사람에게 권한과 책임이 집중되고 그들에 의해 중요한 의사결정이 이루어진다면 그것은 공동체의 성격과 크게 다르다. 공동체라면 가능한 많은 구성원들이 의사결정에 참여하고 책임과 권한을 나누어 져야 한다. 어떤 사람이라도 자신의 의사에 반하여 배제된다면 그것을 공동체라고 말할 수 없다.

교회는 위로부터, 곧 하향식(top-down)이 아니다. 아래로부터 곧 상향식(bottom-up)의 공동체가 되어야 한다. 위에서 결정한 사항이 단순히 아래로 전달되는 방식은 충분한 동기 부여가 이루어지기 어렵다. 하향식은 많은 사람들이 참여하는 데 한계가 있다. 아래로부터 자발적인 의사결정이 이루어질 때, 보다 많은 사람들의 능동적인 참여가 이루어질 수 있다. 따라서 교회는 가능한 많은 교인들의 의사가 반영될 수 있도록 제도를 개선해야 한다. 교회 법에 위배되지 않는 선에서 다양한 부류의 사람들이 발언권을 갖고 자신들의 의견을 표현할 수 있어야 한다. 이것이 공동체의 성격에 부합하는 거버넌스이다.

청년들이 줄어들면 교회의 미래는 어둡다. 가족종교화 현상이 가속화되어서 기독교 가정의 청년들이 교회 청년들의 다수를 차지하고, 교회 밖의 청년들을 전도하기 쉽지 않게 된다. 이제 기성세대가 물러난 이후에는 교회를 이끌어갈 주역들이 남아 있지 않다.[27]

뿐만 아니라 교회가 온전한 공동체를 이루기 위해서는 다양한 연령층과 다양한 부류의 사람들이 어떠한 이유로도 차별받지 않고 동등한 구성원으로서 인정받아야 한다. 교회는 "헬라인이나 유대인이나 할례당과 무할례당이나 야만인이나 스구디아인이나 종이나 자유인이 차별"(골 3:11) 없이 하나 되는 공동체이다. 한국교회는 신앙의 본질을 고수하면서도 요즘 세대들과 소통할 수 있는 방법을 마련해야 한다.

영적인 '커스터마이징'이 필요한 교회

기독교 전문 리서치 기관인 바나 그룹의 대표인 데이비드 키네먼(David Kinnaman)은 《청년들을 잃어버린 교회》(You Lost Me)에서 왜 미국의 청년들이 교회를 떠나고 있는지에 대해 바나 리서치를 통해 조사 연구하였다. 키네먼은 이 책에서 10대에 교회에 간 미국 젊은이들의 60% 가까이가 고등학교 졸업 후에 교회를 떠나고 있다고 말했다. 그 이유는 신앙에 대한 의문을 가지고 있는데 교회에서 무시당하고 예술이나 과학에 관심을 가지고 있는데, 이러한 것들은 기독교인들의 소명이 될 수 없다며 사기를 꺾었기 때문이라고 말한다. 그래서 이 젊은이들은 자신의 부모나 다른 나이 든 어른들로부터 고립감을 느끼게 되었다. 결국 미국의 기독 청년들은 교회가 자신들의 관심과 필요를 이해하지 못하고 실제적인 지침을 주지 못한다고 생각하게 된다.

키네먼은 교회를 떠난 많은 미국 청년들이 여전히 신앙을 추구하고 있다고 말한다. 젊은이들이 스스로 질문하고 자신의 생각과 의심까지도 표현할 수 있도록 해야 한다고 조언한다. 그리고 기성세대가 이제는 대량생산 하듯이 청년 신앙인들을 양산하려고 하기를 그만 두라고 조언한다. 이들에 대해 일대일의 관계를 갖고 세심한 관심을 기울여야 한다고 말한다. 결국 기성세대가 이들의 멘토가 되어야 하는 것이다. 이것은 우리 사회에서도 마찬가지이다. 청년들을 '교회 일꾼'이라고 말하며 부속품처럼 가져다 쓰고 소모하기 이전에 이들의 현실 문제에 공감하고 같이 아파하며 대안을 만들어 주어야 한다.

이제 교회는 청년들의 목소리에 귀를 기울이고 그들의 필요에 민감해져야 한다. 4차 산업혁명의 시대에는 개인 맞춤형 생산과 소비가 가능하다. 그래서 요즘에는 고객이 기호에 따라 제품을 요구하면 생산자가 요구에 따라 제품을 만들어주는 일종의 맞춤제작을 의미하는 '커스터마이징'(Customizing)이 유행하고 있다. Z세대의 신앙을 북돋기 위해서 영적인 커스터마이징이 필요하다. 기성세대의 생각을 주입하려고 하기보다 그들 스스로의 방식으로 어려움을 극복할 수 있도록 도와야 한다. 기성세대가 마치 모든 답을 알고 있는 것처럼 청년들에게 지시를 하거나 강요해서는 안 된다.

현실 문제가 언뜻 기성세대가 젊은 시절 겪은 것과 비슷해 보일지 몰라도 깊이 들여다보면 그렇게 간단치 않다. 오늘 젊은이들의 정서나 처지는 20, 30년 전의 그것과 같지 않기 때문이다. 자신의 생각으로 윽박지르려 하기보다 이들이 자기 나름의 방식으로 공감할 수 있는 방법으로 해결해 나갈 수 있도록 돕는 것이 기성세대가 할 수 있는 최선의 길이다. '학원복음화협의회'의 조사 결과에서 젊은 층 활성화 방안에 대해 '젊은 층에 맞는 문화적 선교 전략 마련'이 26.9%로 가장 높았다. 그다음 '젊은 층과의 소통의 장 마련'(21.4%), '권위주의 타파'(21.1%)의 순으로 나타났다. 젊은이들의 생각은 권위적이지 않은 방식으로 꼰대스럽지 않게 젊은이들과 소통해야 한다. Z세대에게 맞는 사역을 마련하는 것이 중요하다.

특별히 경제적으로 어려움을 겪고 있는 청년들에게 더 많은 관심이 필요하다. 교회에서는 청년들의 신앙에 관심이 있지만, 신앙은 삶의 조건과 무관하게 형성될 수 없다. 척박한 생활환경에서 마음껏 신앙생활을 하기는 어렵기 때문이다. 우리 사회에서는 청년들을 위한 창업이나 일자리 사업과 협동조합 그리고 공유 주택 등 다양한 시도들을 하고 있다. 이러한 일은 교회에서는 할 수 없는 일이라고 치부해서는 안된다. 협동조합의 출발은 기독교 사상과 전통에서 비롯되었다. 일부 교회와 기독교 단체도 이미 이런 일에 참여하고 있다. 신앙과 삶은 분리될 수 없다. 청년들의 신앙이 바로 서고 잘 성장할 수 있는 환경을 만들어 줄 수 있도록 기성세대가 노력해야 한다.

Z세대들의 문제에 교회와 기성세대가 함께 노력한 사례를 소개하면서 글을 마치고자 한다.

경기도 부천에 있는 한 교회는 작은 교회이지만 마을공동체 활동을 매우 활발하게 전개하는 교회로 알려져 있다. 몇 년 전 송구영신 예배 때 한 청년이 나왔는데 이 청년이 오랜만에 교회에 다시 나온 것은 지방에서 대학을 나온 이후에 번번이 취업에 실패하면서 절망감에 빠져 있다가 어렸을 때 자신을 돌봐준 교회가 생각났기 때문이었다. 안타까운 이야기를 들은 교회 목사님은 일반 기업에 취업하려고만 하지 말고 이 마을에 할 일이 많은데 마을에서 할 일을 찾아보라고 하였다. 마침 청년이 신방과를 졸업했다는 이야기를 듣고 목사님은 동네 방송국에서 전공을 살려 일해보라고 하면서 최소한의 생활비는 교회에서 마련해 보겠다고 하였다. 이 청년이 활동을 하면서 마을 활동에 동참하는 청년들도 늘었다. 목사님이나 어른들 말에는 반응을 하지 않던 동네 청년들이 친구가 이야기하니 선뜻 동참하게 된 것이다. 이 교회 목사님은 "교회가 작아서 '화폐 자본'은 별로 없지만 '사회 자본'이 풍부하다"고 말한다. 그리고 "청년들에게도 이 사회 자본을 갖추게 해주면 자신들의 힘으로 앞길을 헤쳐나가게 될 것"이라고 말한다. 맞다. 이러한 교회가 청년들에게 희망을 주는 교회이다.

2장

Z세대를 위한 목회와 교육, 어디로 가야 하는가?

오늘날 교회가 직면한 가장 시급한 과제 중 하나는 Z세대(1997년 이후 출생)의 변화된 세계를 이해하는 것이다. 그리고 Z세대 안에 존재하는 종교적 가능성을 새롭게 해석하는 일이다. 기술 환경과 사회 구조의 급격한 전환 속에서 성장한 이 세대는 이전 세대와는 전혀 다른 정서적 감수성과 공동체 인식을 지니고 있다. Z세대는 기후 위기, 사회적 불평등, 정보 과잉 등 전 지구적 불안을 일상적으로 체감한다. 그들은 기존 교회의 권위와 제도에 대한 신뢰가 약화된 시대를 살아간다. Z세대는 스마트폰과 디지털 문화에 익숙한 이들은 탈맥락적 소통과 참여형 문화에 반응한다. 그들은 기존 교회의 언어와 형식에 익숙하지 않다.

그러나 아이러니하게도, 이러한 시대적 변화 속에서도 Z세대는 '신앙' 자체를 완전히 외면하지 않는다. 오히려 새로운 형태의 영성과 공동체에 대한 갈망은 여전히 존재한다. 이는 우리가 '비종교화 시대'라고 규정한 현실 너머에서 다시금 신앙의 가능성을 성찰하게 만든다. 교회를 떠난 것이 아니라, '교회를 모르고 자란' 이 세대에게는 오히려 선입견 없이 복음을 새롭게 받아들일 기회가 열려 있다. 이러한 상황에서 필요한 것은 단순한 세대 맞춤형 프로그램이 아니다. 그것은 곧 Z세대를 향한 목회적 혁신이다. 오늘날의 교회는 이 세대에게 단지 정보를 전달하는 설교와 교육을 넘어서, 삶 전체로서의 신앙을 제안해야 한다. 이를 위해서는 몇 가지 핵심적인 전환이 필요하다.

1. 영성목회는 Z세대의 불안과 혼란 속에서 하나님과의 실질적 관계를 회복하게 하는 중심 축이 되어야 한다. 단순한 규범이 아니라, 일상 속에서 하나님과 함께 살아가는 루틴과 실천을 제시해야 한다.

2. 예전의 회복은 감각적이고 상징적인 것을 중시하는 이 세대에게, 복음의 깊이를 오감과 몸으로 경험하게 하는 중요한 경로가 될 수 있다.

3. 참여적 교회 구조는 수동적 청중이 아니라 교회의 구성원으로서의 자기 정체감을 심어주며, Z세대의 주체성과 연결될 수 있다.

4. 변증적 양육은 단순한 교리 교육을 넘어, 회의와 질문을 환대하는 교육 방식으로 이끌어야 한다. 복음은 이들의 진지한 질문에 응답해야 하고, 성경적 진리를 오늘의 현실 속에서 다시 말할 수 있어야 한다.

여기에서 Z세대의 세계관과 삶의 양식을 살펴보고, 이들이 지닌 종교성과 공동체 감각의 독특한 특성을 분석한다. 이어서 Z세대 중심 사역이 어떤 방식으로 이루어지고 있으며, 국내외에서 실제로 어떤 목회 사례들이 이뤄지고 있는지를 살펴본다. 마지막으로, 위에서 제안한 목회적 혁신—영성, 예전, 참여, 변증—의 틀 안에서 Z세대를 위한 교회 교육과 목회 방향을 모색하고자 한다.

Z세대를 이해하는 것은 단지 다음 세대를 위한 투자가 아니다. 그것은 오늘날 교회가 자신의 존재 이유를 새롭게 성찰하는 것이다. 또한 하나님 나라 복음을 어떻게 이 시대와 연결할지를 고민하는 본질적인 신학적 과제이다.

1. Z세대의 정의와 현황

1) Z세대의 정의

Z세대는 일반적으로 1997년부터 2008년 사이에 출생한 세대를 가리킨다. 이들은 디지털 기술이 일상화된 환경에서 성장하여 '디지털 네이티브'로 불리며, 이전 세대와는 다른 문화 감수성과 사회적 가치관을 지닌 세대로 평가된다. 1980년대와 90년대 초중반에 태어난 밀레니얼 세대와는 다르게 어릴 적부터 스마트폰, SNS, 영상 기반 플랫폼과 함께 자라났다. 전통적인 권위나 규범보다는 개인의 다양성과 자율성을 중시

하는 특징이 있다. 또한 이들은 디지털 환경과 기후 위기를 직접적으로 체감하며 자라난 '불안세대'라 불리기도 한다.[28]

2) 전 세계적 Z세대 현상과 특성

전 세계적으로 Z세대는 약 20억 명 이상으로 전체 인구의 약 26%를 차지하며, 2025년 현재 글로벌 노동력의 27%를 구성하고 있다. 2035년경에는 가장 많은 노동 인구를 차지할 세대로 성장할 것으로 예상된다.[29]

경제적인 측면에서도 Z세대는 큰 영향력을 지닌다. 글로벌 조사기관인 니엘슨(Nielson)IQ 보고서에 따르면, 2030년 Z세대의 연간 가처분소득은 12조 달러에 이를 것으로 예측되며, 이는 기업 마케팅과 정책 전략에서 Z세대를 중심축으로 삼아야 함을 시사한다.[30]

Z세대는 태어날 때부터 인터넷이 없는 환경을 경험해보지 못한 세대로 유튜브, 인스타그램, 틱톡과 같은 영상 기반 소셜미디어를 자연스럽게 사용한다. Z세대는 기후변화나 사회적 불평등 같은 전 지구적 문제에 민감한 감수성을 보인다. 딜로이트 글로벌 설문조사에서는 세계 Z세대의 62%가 최근 한 달 내 기후변화로 인한 불안이나 걱정을 경험했다고 응답했다. 91%는 일상적인 스트레스나 불안을 느낀다고 답했다.

3) 한국의 Z세대 현상과 특성

한국의 Z세대는 2024년 기준 약 674만 명으로 전체 인구의 13.1%

정도를 차지하고 있다.[31]

이들은 대체로 글로벌 Z세대의 가치관과 라이프스타일을 공유한다. 초고속 인터넷과 모바일 중심의 환경에서 성장한 이들은 디지털 환경에 매우 익숙하며 유튜브, 인스타그램, 틱톡, 스레드, 디스코드 등을 통한 소통과 정보 교환이 활발하다. 2024년 헌법재판소에서 기후 관련 법 조항을 헌법불합치로 결정한 사건의 청구인 다수가 Z세대라는 점은 이들의 기후 위기에 대한 높은 감수성을 보여준다.[32] 이들은 기후 문제 외에도 사회 문제에 공동행동으로 참여하는 경향이 강하며, 사회운동이나 챌린지에도 적극적이다. 친환경 소비, 사회적 가치 기반의 소비행태(이른바 '바이콧', '돈쭐내기', '착한소비')에 민감하게 반응한다.

반면 Z세대의 정신건강 문제는 또 다른 중요한 이슈다. KB금융의 '2024 웰니스 리포트'에 따르면, Z세대 중 71.6%가 최근 1년 내 정신적 어려움을 경험했다고 답했다. 그들은 스트레스, 불안, 우울감 등이 주요한 문제로 나타났다.[33]

노동시장에서도 불안정성이 크다. 통계청에 따르면 2025년 4월 기준 청년층(15~29세) 실업률은 7.3%로 전체 평균보다 두 배 이상 높게 나타나고 있다. 고용 불안과 더불어 주거비, 생활비 부담 등도 심리적 스트레스를 가중시키는 요소다.

정치적 성향에서는 같은 Z세대 내에서도 남녀 간 차이가 상당하다. 지난 대선(2025.6.3.)에서 Z세대 남성 유권자들은 보수 후보에, Z세대 여성 유권자들은 진보 후보에 투표함으로 동일 세대간 상이한 정치적 인식

차를 보여줬다. 그러나 이들의 차이는 이전 세대와 달리 정당이나 이념보다는 이슈 중심의 선택과 실용적 판단을 선호하는 경향을 보인다. 남성 Z세대는 경쟁, 공정성, 능력주의를 강조하며 '역차별'을 주장하는 목소리가 많고, 여성 Z세대는 성평등, 다양성, 사회 정의를 중심으로 한 의제에 공감하는 경향이 강하다. 이러한 성향은 온라인 커뮤니티나 유튜브 콘텐츠 소비 패턴, 선거에서의 투표 성향, 사회운동 참여 방식 등에서도 차이를 보이며, 성별 간 문화적 거리감이 세대 내부의 분열로 이어질 가능성도 제기되고 있다.

　Z세대는 오늘날 전 세계적으로 가장 많은 수를 차지하며 사회·경제적으로도 핵심적인 위치에 있는 세대다. 디지털 감수성과 사회적 책임의식이 강하고, 자기표현과 의미 중심의 삶을 추구한다. 동시에 정신건강, 고용, 미래 불안이라는 구조적 과제도 안고 있다. 한국의 Z세대는 이 같은 전 세계적 특성과 더불어 초연결 디지털 환경과 극심한 경쟁, 성별 간 인식 차이, 기후와 가치 기반 소비에 민감한 문화 등을 보여주며, 기업과 사회가 더 섬세하고 복합적인 대응 전략을 요구받고 있다.

2. Z세대의 세계관

　세계관이라는 개념은 특정 집단이 현실을 어떻게 이해하고 반응하는

지를 보여주는 인식의 틀이다. 과거 기독 청년운동에서는 세계관을 주로 '진리에 대한 총체적 이해 체계'로 정의했다. 오늘날에는 젊은 세대의 문화적 감수성과 일상적 서사를 해석하는 용어로도 확장되어 사용하고 있다. 특히 Z세대는 전례 없는 디지털 환경과 세계적 불안 속에서 성장하며 기존 세대와 전혀 다른 방식의 세계관을 형성하고 있다.

미국 스탠퍼드 대학의 사회학자 로베르타 카츠(Roberta Katz)와 그녀의 연구팀은 《Gen Z, Explained》라는 연구를 통해 이 세대에 대한 심층 분석을 시도했다. 120건 이상의 인터뷰, 2000명 이상을 대상으로 한 설문조사, 그리고 7000만 단어에 이르는 SNS 대화, 블로그, 기사 등을 분석한 이 연구는 Z세대를 단순히 '디지털 네이티브'로 규정하는 것을 넘어서, 자율성과 협력성, 실용성과 포용성, 그리고 진정한 연결을 중시하는 성숙한 세대로 조명하고 있다.[34] 그들은 기존 권위나 틀에 순응하지 않는다. 그리고 의미 있는 관계와 윤리적 실천에 높은 가치를 두고 있으며, 앞으로의 사회를 유연하고 창의적으로 이끌어갈 세대로 주목받고 있다.

Z세대의 특징은

1. 디지털과 현실을 분리하지 않는 통합적 감각이다. 이들은 온라인과 오프라인을 별개의 세계로 구분하지 않고, SNS에서의 활동이 곧 실제 인간관계와 삶의 일부로 연결된다고 본다. 인터넷은 단순한 정보의 도구가 아니라, 자아를 표현하고 사회적 정체성을 형성하며 참여하는 플랫폼이다.

2. 정체성의 세분화와 포용성이다. Z세대는 자신을 하나의 고정된 범주로 규정

하지 않는다. 성별, 인종, 문화, 취향을 조합해 '나만의 정체성'을 구성하고, 다양성과 차이를 자연스럽게 수용하는 태도를 지닌다. 이들은 고정된 권위에 대한 무비판적 수용보다는 자율성과 유연성을 선호하며, 해체적이고 다원적인 태도를 통해 사회와 관계를 재구성해 간다.

3. Z세대는 재미와 의미를 동시에 추구하는 세대이다. 한국의 Z세대 전문가 전석재와 서요한의 연구에 따르면, 이 세대는 단순히 즐거운 경험을 넘어, 그 속에서 '왜 이것을 하는가'에 대한 질문을 던진다. 어떤 활동이든 흥미로우면서도 목적 있는 것이어야 의미를 느끼며 몰입할 수 있다.[35]

4. 실용성과 협업의 능력이다. Z세대는 추상적인 이상보다 구체적인 해결을 중시한다. 감정적 반응보다는 '무엇을 어떻게 바꿀 수 있을까'에 집중하는 현실적 태도를 지닌다. 팀워크와 협업을 통한 문제 해결에 익숙하며, 개인의 자율성과 공동의 목적을 동시에 고려할 줄 아는 사고방식을 갖고 있다.

5. 진정성과 수평성에 대한 집착이다. Z세대는 위계적 리더십보다 정서적 공감과 진심 어린 관계를 더 신뢰하며, 지도자에게도 감정의 공유와 투명한 소통을 기대한다. 어떤 메시지든 그것이 진심인지, 그리고 자신과 연결되어 있는지를 기준으로 평가한다.

6. 직접적인 만남에 대한 선호이다. 디지털 세대임에도 불구하고, Z세대는 여전히 대면 소통에서 깊이 있는 관계와 신뢰를 형성할 수 있다고 믿는다. 다양한 조사에 따르면, 이들이 가장 선호하는 커뮤니케이션 방식은 여전히 직접 만남(face-to-face)이다. 인간적인 접촉이 단순한 텍스트나 화면을 넘어선 신뢰를 만들어낸다고 생각한다.

7. Z세대는 불안과 자기돌봄의 감수성이 높은 세대이다. 이들은 기후 위기, 경쟁 사회, 불확실한 미래 속에서 '불안'을 일상적으로 경험하고 있다. 이러한 이슈에 대한 자가 치유 방법을 적극적으로 탐색한다. 명상, MBTI, 점, 샤머니즘, 감성 콘텐츠에 대한 관심은 단지 유행이 아니라 정체성과 정서를 안정시키려는

문화적 반응이다.

8. 공공성과 윤리 소비에 대한 민감성이다. 이들은 사회적 불평등이나 기후 문제에 대해 높은 감수성을 가지고 있다. 착한 소비, 바이콧, 돈쭐내기 등의 실천을 통해 자신의 윤리적 가치를 행동으로 표현하려 한다. 물질과 성공에 대한 열망도 단지 부를 위한 것이 아니라, 개인의 자유와 안정, 그리고 선한 영향력을 확대하기 위한 수단으로 여긴다.

이러한 통찰을 종합하면, Z세대의 세계관은 디지털 현실과 정체성의 유동성 위에, 불안관리와 사회적 책임의식이 복합적으로 얽혀 있는 구조를 지닌다. 이들은 빠르고 산만한 정보 환경 속에서도 깊은 관계를 원한다. 자율성과 협업을 동시에 추구하고, 자신만의 고유한 삶을 설계하고자 하는 욕구가 강하다. 또한 이들은 신념과 가치를 공동체 안에서 실천하고자 하며, 공정성과 정서적 안전을 중요한 기준으로 삼는다.

이는 교회와 신앙공동체, 나아가 사회 전체가 Z세대를 '표피적 디지털 세대'로만 이해해서는 안 되는 이유를 말해준다. 이들은 오히려 깊은 내면과 의미에 대한 갈망, 윤리적 책임감, 관계에 대한 진정성을 통해 새로운 사회적 윤리와 공동체 감각을 만들어가고 있다. 교회가 이들과 소통하기 위해서는 단순한 메시지 전달을 넘어서야 한다. 그들을 향한 정체성과 의미, 삶과 신앙을 통합하는 공동체적 해석과 참여의 공간을 제공해야 한다. Z세대는 단지 문화가 다른 세대가 아니라, 새로운 세계관을 가진 신앙의 동반자로 이해되어야 한다. 그들을 향한 목회와 교육은 교회의 미래를 재설계하는 중요한 열쇠가 될 것이다.

3. Z세대의 종교성을 어떻게 볼 것인가?

1) Z세대의 비종교화

한국과 미국에서 Z세대의 비종교화는 뚜렷한 양상이다. 전통적으로 기독교 문화가 우세했던 미국에서 Z세대에 이르면 '종교가 없다'고 대답하는 'None'의 비율이 높아지고 있다. 미국 Z세대는 지금까지의 어떤 세대보다도 종교로부터 멀어져 있는 세대다. 2021년 American National Family Life의 미국인 5000명 전국 조사에 따르면, Z세대(1997~2012년 출생자) 중 약 34%가 자신을 '종교 없음'(none)으로 규정하며, 미국 역사상 가장 높은 수치를 기록했다. 이들은 자신을 무신론자, 불가지론자 또는 "특별한 종교가 없다"고 답하며, 전통적인 신앙과 종교 제도에 대한 거리를 명확히 드러낸다.

[그림] 미국의 세대별 무종교인 비율

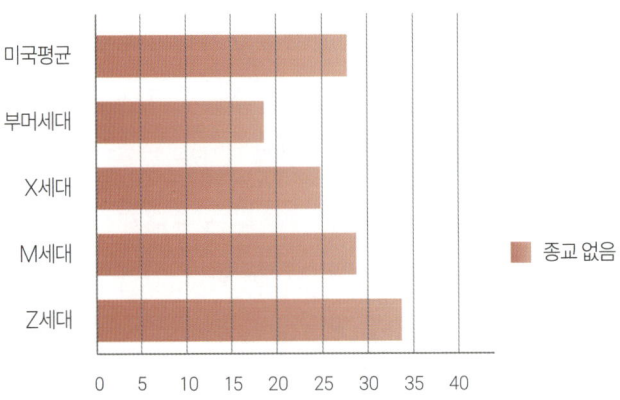

출처: American National Family Life Sorvey, December.

이 비율은 같은 조사에서 나타난 밀레니얼 세대(29%), X세대(25%), 베이비붐 세대(18%), 침묵세대(9%)와 비교할 때 두드러진 상승세를 보여준다. 세대가 젊어질수록 종교를 갖지 않는 비율이 점점 더 높아지는 것이다. 미국 성인 전체 평균(무종교 28%)보다 더 높은 무종교 비중을 유지하고 있다. 이는 Z세대의 탈종교화 현상이 단순한 일시적 흐름이 아니라 장기적 추세임을 시사한다. 통계에 보듯이, 미국에서 Z세대는 종교적 해체와 신앙 재정의의 중심 세대로 나타나고 있다. 이들은 기존 종교 제도나 권위보다는 개인적 영성과 실천적 신념, 정체성의 자유를 더욱 중시하는 경향을 보이며, 미국 신앙 지형의 변화를 주도하고 있는 핵심 집단이라고 할 수 있다.

2) 한국 Z세대의 비종교화

한국의 Z세대는 지금까지의 어떤 세대보다도 종교로부터 멀어진 세대다. 2024년 한국리서치 조사에 따르면, 20대 응답자의 69%가 자신을 '무교'라고 답했다. 개신교는 13%, 불교 8%, 천주교 7%로 나타났다. 2023년 한국종합사회조사에서도 20대의 58.1%가 무종교라고 응답하여, Z세대가 한국 사회에서 가장 비종교적인 집단임을 확인시켜 준다. 연령대가 젊을수록 종교 없음의 인구가 늘어나는 양상이다.

[그림] 한국의 연령대별 무종교 인구 비율

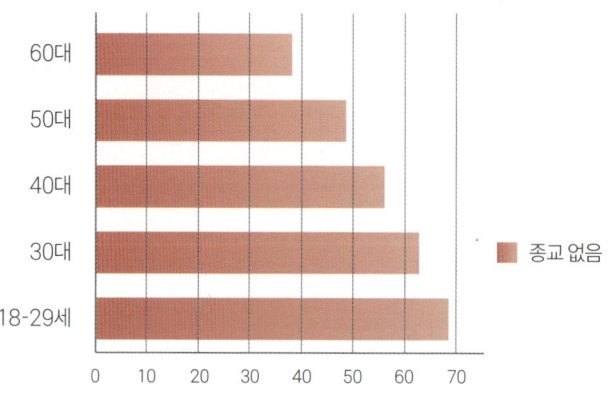

출처: 한국리서치 2024 종교인식조사. http://hrcopinion.co.kr/archives/31599

이러한 경향은 최근 몇 년 사이에 급속도로 심화되었다. 다른 인구조사들에서도 Z세대가 속한 20대의 종교 인구는 뚜렷하게 줄어들었고, 종교적 소속감과 활동도 다른 연령대에 비해 현저히 낮게 나타난다. 성별에 따른 차이를 보면 18~29세 남자의 67%가 믿는 종교가 없다고 응답한 반면, 18~29세 여성의 경우는 72%가 믿는 종교가 없다고 답했다. Z세대 남성에 비해서 Z세대 여성에게서 종교 없음의 비율이 더 높게 나온 것이다. 이는 30대에서도 마찬가지로 남성보다 여성의 무종교 비율이 높다. 40대 이상의 다른 연령대에서는 여성보다 남성의 종교 없음 비율이 더 높은 것과는 정 반대의 흐름을 보이고 있다.[36] 즉 나이가 젊을수록 전통적인 종교성이 낮아지고, 젊은 연령대에서는 남성에 비해 여성의 종교성이 더 낮다.

3) 종교성의 새로운 표현

조사에 따르면, 미국과 한국 모두에서 Z세대의 종교성은 낮아지고 있다. 하지만 엄밀히 말해서, 이들은 제도적인 기성 종교에 대한 귀속성이 낮다고 봐야 한다. Z세대는 전통적인 종교 기관이나 신앙 체계와는 거리를 두고 있다. 그렇다고 해서 완전히 영적 관심이 없는 것은 아니다. 많은 Z세대는 교회나 절에 소속되지는 않지만, 여전히 삶의 의미, 정체성, 불안, 정의와 같은 문제에 대해 진지하게 고민하고 있다. 다시 말해, 이들은 '종교 없음'의 세대이되, '영성 없음'의 세대는 아니다.

따라서 단순히 종교에 대한 관심이 낮아졌다고만 보기에는 복합적이고 세심한 분석이 필요하며, 이들은 전통적인 신앙 형식과 권위에서 벗어나 새로운 형태의 영성과 신념을 추구하고 있다. 이들의 비종교성 가운데 잠재된 영적인 특성을 다음과 같이 정리할 수 있다.

(1) '종교적이지 않지만, 영적인 존재'

Z세대는 제도적 종교에 대한 소속감은 낮지만, 초월성과 의미, 연결감에 대한 관심은 여전히 강하게 유지된다. 미국의 Z세대는 종교 기관의 권위나 전통적인 신앙 고백에는 냉소적인 태도를 보인다. 하지만, 삶의 의미, 내면의 평화, 공동체적 연대, 윤리적 삶에 대한 질문은 오히려 더 자주 던지고 있다. 이 같은 경향은 '나는 무신론자도 유신론자도 아니지만, 영적인 것은 중요하다'는 인식으로 표현되며, 기존 종교와는 다른 방식으로 영성을 추구하는 세대상을 형성하고 있다. 미국의 한 Z세대 청년은 이렇게 말한다.

나는 종교를 영성에 몇 가지 과제를 더한 것이라고 생각한다. 특정 신앙을 따르기 위해 요구되는 실천들이 있다는 점에서 그렇다. 내게 영성은 종교보다 훨씬 더 유연한 개념이다. 아무리 종교를 다양하게 해석하려 해도, 결국 종교는 매우 구조화되고 제한된 사회적 틀이나 체계이기 때문이다. 또한 종교적인 사람으로 연결되려면 일정한 규범을 따라야 한다는 느낌을 준다. 반면 나에게 영성은 신과 연결되는 것, 선한 사람이 되는 것이 영성일 수 있다. 누구든지 영성을 자기 방식대로 정의할 수 있다. 영성은 자신과의 관계, 내면의 평화, 그리고 사람들과의 관계에 더 가까운 개념이다. 하루에 몇 번 기도하거나 교회에 출석하는 등의 외적 행위보다 더 본질적인 부분이라고 느낀다.[37]

Z세대는 제도와 권위에 대한 거부감이 강하기 때문에 제도적 종교보다는 영성이라는 단어가 더욱 쉽게 다가갈 수 있다. 또한 이러한 영성은 공동체적 교류에 더욱 노출되어 있는 Z세대에게는 동료와 함께 추구하는 가치로 종종 나타난다.

한국에서도 유사한 흐름이 확인된다. 정재영은 2024년 목회데이터연구소와 함께 무종교인의 종교성에 대한 조사 결과를 보고한다. 그 조사는 '현재 종교를 믿지 않는 전국의 만 19세 이상 무종교인' 1000명을 대상으로 그들의 드러나지 않은 종교성을 포착하는 흥미로운 과제를 수행했다. 정재영은 이 조사에서 무종교인의 종교성을 '종교적이지 않지만 영적인' 특성을 지닌다고 평가한다. 왜냐하면 '종교가 없지만 신성한 것이나 초자연적인 것에 관심이 있는 영적인 사람'이라는데 응답자의 24.1%가 동의했기 때문이다. 제도나 종단을 의미하는 종교라는 단어에 일체감을 느끼는 이들은 5%에 불과했다. 영적이라는 단어에는 24%나 공감하면서 무종교인들 자신이 영적인 존재일 가능성을 보여준 것이다.[38]

이 조사 가운데 개인의 주관적 종교성 평가를 보면 Z세대가 속하는 19~29세의 연령대는 종교적이라는 비율이 3.0%로서 모든 연령대 중에서 가장 낮다. 그러나 주관적 영성 평가, 즉 '나는 종교가 없지만, 나 자신을 신성한 것이나 초자연적인 것에 관심이 있는 영적인 사람이라고 생각한다'는 의견에 동의하는 Z세대의 비율은 28.3%로서 다른 연령대의 무종교인에 비해 가장 높게 나왔다.[39]

구분		사례수(명)	나는 종교가 없지만, 나 자신을 신성한 것이나 초자연적인 것에 관심이 있는 영적인 사람이라고 생각한다	나는 종교가 없고, 나 자신을 신성한 것이나 초자연적인 것에 관심있는 영적인 사람이라고 생각하지 않는다
전체		(1000)	24.1	75.9
나이	19~29세	(198)	28.3	71.7
	29~39세	(211)	24.6	75.4
	39~49세	(224)	23.2	76.8
	49~59세	(183)	24.0	76.0
	60세이상	(184)	20.1	79.9

출처: 무종교인의 종교성에 대한 조사 2024년 2월 목회데이터연구소 미발간 보고서.

다수의 Z세대는 신의 존재나 초월성에 대한 관심은 유지하고 있지만, 기존 교회나 종교 활동에는 거리감을 느끼고 있다. 실제로 20대 응답자의 상당수는 절대자와의 연결을 긍정적으로 인식하면서도, 정기적인 예배나 소속 공동체 활동에는 소극적인 태도를 보인다. 이들은 명상, 예술, 자연 체험, 감성 콘텐츠 등을 통해 개인화된 영성을 형성한다. 그 신앙을 오프라인 교회보다 온라인 커뮤니티나 SNS 기반의 느슨한 관계 속에서 나누고자 한다.

이러한 경향은 Z세대가 종교 자체를 거부한다기보다, 기존의 종교 제도가 삶의 질문과 가치에 실질적으로 응답하지 못한다고 보기 때문에 나타나는 현상이다. 따라서 이들에게 신앙은 단일한 교리 체계가 아니라, 다양한 자원과 경험을 통해 삶의 의미를 구성해 나가는 열린 영성으로 나타나고 있다.

(2) 신앙보다는 경험, 교리보다는 공감

한국 갤럽에서 조사한 2021년 한국인의 종교 현황을 보면, 비종교인이 현재 종교를 믿지 않는 가장 큰 이유로 꼽은 것은 '관심이 없어서'(54%) 였다. 이를 연령대 별로 보면, 19~29세가 종교에 관심이 없다는 비율이 64%로 다른 연령대보다 훨씬 높게 나온다.[40]

종교에 대한 불신이나 무신론적 신념과 같은 적극적인 이유보다는, 관심 자체가 아예 없다는 소극적 이유가 높은 것이다. 종교에 대한 무관심은 종교의 필요를 느끼지 못한다는 뜻이다. 특히 Z세대는 자신들의 실존적인 삶과 연관된 이슈여야 관심을 보인다. 그렇다면 종교에 대한 무관심은 추상적인 교리나 전통적인 종교의 관습, 의례를 낯설어한다는 것을 의미한다. 종교는 문화적으로 표현될 수밖에 없다. 젊은 세대일수록 과거 세대의 종교 문화는 영향력을 지니기 힘들다. 반면 Z세대는 직접적인 경험과 감정의 공유를 통해 신앙을 이해하고자 하는 경향이 뚜렷하다. 이것이 그들이 종교적이지 않고 영적일 수 있다는 응답이 반영하는 의미이다.

기독교적으로 적용하자면, 이들에게 중요한 것은 성경 지식의 양이나 정통 신학의 논리적 엄밀함보다는, "하나님이 내 삶에 어떻게 가까이 와 계신가", "믿음이 내 감정과 일상에 어떻게 연결되는가"와 같은 실존적이고 구체적인 경험이다.[41]

Z세대는 정보로서의 신앙보다는 경험으로서의 신앙, 논증보다는 공감과 감성의 통로를 통해 하나님과 관계를 형성한다. 일상과 감정에 밀착된 신앙 실천을 중요하게 여긴다. 이는 Z세대가 요구하는 솔직함과 진정성이라는 코드와도 연결된다. 《한국교회 트렌드 2025》를 보면 교회 내 조직문화에 대한 Z세대와 목회자 간 흥미로운 인식 차이가 나타난다. 목회자들은 Z세대를 대할 때 개선되어야 할 모습으로 '일방적 소통과 훈계'(37.0%)를 1순위로 꼽았는데, 정작 Z세대 청년들은 교회에 실망한 측면으로 '위선적인 모습'(52.8%)을 1순위로 꼽았다. Z세대에게 일방적 소통과 훈계는 13.7%로 목회자들의 평가와는 달랐다.[42]

(3) 수평적, 참여적 문화

Z세대는 교회를 종종 권위주의적이고 폐쇄적인 조직으로 인식한다. 이는 단지 종교에 대한 거부감이 아니라 사회문화적 경험에서 비롯된 신뢰의 붕괴와 관련이 있다. 오늘날 한국의 Z세대는 과거 어느 세대보다도 참여적이고 수평적인 관계를 중시한다. 디지털 네이티브로 자라난 이들은 정보에 빠르게 접근하고, 다양한 사회적 담론에 능동적으로 참여하면서 권위와 위계보다는 상호 존중과 대화를 중시하는 문화를 형성해왔다. 이들은 공동체 안에서 자신의 의견이 존중받고, 의미 있는 방식으로 참여할 수 있기를 원한다. 그러나 여전히 많은 교회는 위계 중심의 운영 구조와 일방향적 설교, 폐쇄적인 조직 문화를 유지하고 있어 이들과의 접점을 찾기 어려운 실정이다.

그 결과, 이들은 단순히 신앙을 거부하기보다, 교회라는 제도적 틀 자체에 대한 거리두기를 선택하는 경향이 강하다. 흔히 '가나안 성도'라 불리는 이들, 혹은 '종교 무관심자'로 분류되는 상당수는 여전히 영적 질문과 초월에 대한 관심을 지니고 있다. 하지만 기존 교회가 그 질문에 진정성 있게 응답하지 못한다고 느낀다. 정재영은 "MZ세대로 표현되는 젊은이들은 자신들의 소신을 거리낌 없이 말하고 작은 참여라도 변화를 일으킬 수 있는 일에 의미를 갖는다"고 한다. 따라서 그는 청년들이 교회 운영과 사역의 주체로 세워져야 하며, 양육의 대상자로만 존재하는 것이 아니라 교회 공동체를 구성하는 주체가 되어 의견을 제시하고 의사결정 과정에 참여할 수 있는 제도적 장치가 교회에 필요하다고 주장한다.[43]

따라서 Z세대는 참여와 소통을 통해서 신앙을 경험하고 표현한다고 볼 수 있다. 단순히 설교와 가르침으로 신앙을 내재화시키는 것이 아니라, 대화와 공감이 수반되어야 한다. 또한 이들은 위계보다 수평적 관계를 중요하게 여기며, 무엇보다 신앙이 실제 삶에서 어떻게 구현되고 사회적 책임과 연결되는지를 보고 싶어 한다. 따라서 이들의 교회에 대한 거리두기는 반기독교적 정서라기보다는, 기존 교회가 Z세대의 윤리적 감수성과 시대적 질문에 응답하지 못한 결과로 생긴 신뢰의 균열이라 볼 수 있다. 교회가 이들과의 신뢰를 회복하기 위해서는 구조의 개혁이나 프로그램 이상의 변화가 필요하며, 삶의 자리에서 복음이 어떻게 정의와 공감, 책임의 언어로 구현되는지를 보여주는 공동체적 변화가 요청된다.

이러한 맥락에서, 오늘날 교회가 Z세대와의 연결을 위해 가장 먼저 해야 할 일은 조직 구조의 변화나 프로그램의 개편 이전에 '관계의 방식'을 바꾸는 것이다. Z세대는 설교나 가르침을 통해 신앙에 접근하기보다, 관계와 경험, 공동의 실천을 통해 복음을 이해한다. 따라서 교회는 그들을 대상으로 하는 '대상화된 사역'이 아니라, 함께 만들어가는 '참여형 공동체'로의 전환이 필요하다.

(4) 디지털 영성

Z세대의 디지털 영성은 전통적인 종교 제도나 교리 중심의 신앙 방식과는 다른 새로운 형태의 영적 추구로 나타나고 있다. 이들은 스

마트폰과 앱, 소셜미디어 등의 디지털 도구를 활용하여 자기 주도적이고 감정 중심적인 방식으로 초월성과 연결되고자 한다. 이는 '종교 없음(none)'이라는 정체성 속에서도 '영성 있음'을 드러내는 중요한 신호로 읽힌다.

대표적인 예로 영적 셀프케어 앱이나 명상 콘텐츠는 특정 종교적 배경을 요구하지 않으면서도, 감사일기 쓰기, 호흡 명상, 감정 기록 등의 실천을 통해 내면의 평화와 자기 성찰을 돕고 있다. 실제 관련 연구에 따르면, 이러한 디지털 영성 도구들은 청년층의 불안과 스트레스를 완화한다. 일상 속에서의 영적 만족도를 높이는 데 기여하고 있는 것으로 나타났다.

이러한 흐름은 Z세대가 가지고 있는 종교적 감수성과 디지털 세계관이 결합된 결과로 이해할 수 있다. 카츠와 그의 동료들이 저술한 《Gen Z, Explained》에서 이 저자들은 "디지털 환경은 포스트밀레니얼 시대로 하여금 자신들의 정체성에 관한 생각을 형성한다. 그들이 창조하고 형성하는 고유한 정체성의 선택 범주를 넓게 제공한다"고 주장한다.[44] "독특한 정체성을 통해 자아를 형성하고, 연결되고, 의미를 찾는 세대"로 묘사한다. 이들은 전통적인 규범보다 유연하고 창의적인 방식으로 삶의 목적을 탐색한다고 분석한다. 따라서 Z세대에게 영성이란 곧 자기 자신과의 정직한 관계, 감정의 회복, 의미 있는 연결을 추구하는 방식이며, 반드시 제도 종교 안에서만 실현되는 것은 아니다.

그러나 디지털 영성은 여전히 초기 단계의 실험적 실천에 머물러 있다. 이것은 지속 가능성과 공동체성, 신학적 깊이에 대한 보완이 요구된다. 교회가 이들과 건강한 방식으로 연결되기 위해서는 단순히 온라인 콘텐츠를 제공하는 것을 넘어서야 한다. 디지털 환경에 적합한 언어와 방식으로 하나님과의 관계, 타자와의 연대, 자기 성찰의 의미를 다시 해석하고 제안하는 노력이 필요하다. Z세대는 교리나 규범 이전에, 정서적 안전감과 실존적 공감 속에서 하나님을 만나고 싶어 한다. 그러므로 오늘날 교회가 감당해야 할 사명은, 디지털 세대가 선택할 수 있는 다양한 영적 여정 가운데에서 진정성 있고 예언자적인 안내자가 되는 것이다.

Z세대는 신앙을 혼자만의 내면적 체험으로 머물게 하지 말아야 한다. SNS나 온라인 커뮤니티를 통해 느슨하지만 정서적으로 연결된 디지털 공동체 안에서 함께 신앙을 나누고 실천하려는 강한 연결 지향성을 보인다. 이처럼 Z세대는 자기 삶의 맥락에 맞는 신앙을 주체적으로 구성해야 한다. 또한 그것을 관계 속에서 구현하려는 새로운 방식의 신앙 실천을 추구하고 있다.

(5) 안전한 공동체에 대한 갈망

한국 청년들이 '안전한 공동체'에 대해 갈망하는 흐름은, 세월호 참사(2014)와 이태원 참사(2022) 등 일련의 국가적 비극을 겪으며 더욱 뚜렷해졌다. 이들은 한국 사회가 "나를 보호할 수 있는가"에 대한 근본적 의문을 계속 안고 있다. 한국기독교사회문제연구원의 청년 인식 조사에 따르면, '세월호 참사, 이태원 참사 이후 우리 사회는 더 안전해졌다고 생각하십니까?'라는 질문에 '그렇지 않다'라는 답변이 55.7%, '그렇다'는 답변이 17.1%로 나왔다. 청년들이 보기에 한국 사회는 안전이 취약한 곳이다. 성별로는 여성이 더욱 안전하지 않다고 여긴다.[45]

교회는 Z세대의 불안에 대해 응답해야 한다. 안전에 대한 갈망은 기독교 신앙에 대한 관심으로 이어질 수 있기 때문이다. 특히 여성 청년들은 범죄나 성차별에 대해 더욱 취약함을 느끼며, 교회가 정말로 몸과 마음을 지켜주는 곳인지 의문을 품는다. 그들에게 중요한 것은 단순한 신체적 안전을 넘어, '내가 이 공동체 안에서 존중받고 있는가?', '내 정체성을 있는 그대로 수용받고 있는가?'에 대한 정서적, 관계적 안전감이다. 하나님의 보호와 은혜, 그리고 공동체 안에서의 친밀한 소속감은 그 자체로 큰 위안이 된다. 질병이나 사회 위기처럼 예측 불가능한 사건 속에서 더욱 중요해진다. 또한 기후 위기, 불확실한 국제 정세, 사회적 불안이 심화되는 지금, 청년들은 영적 안전을 위한 신앙공동체를 본능적으로 찾는다. 그러므로 교회가 그 통로가 될 수 있다.

이와 같은 사회적, 정서적 안전에 대한 갈망은 교회가 영적 돌봄의 거점으로 기능할 수 있는 기회가 될 것이다. 한국기독교사회문제연구원의 조사에서 청년 응답자 중 절반 이상(52%)이 '교회가 신체적으로 안전한 곳'이라고 느끼며, 47.5%는 '정서적으로 안전하다'고 응답했다. 이는 교회가 안전과 보호감을 제공할 수 있는 가능성을 지니고 있음을 시사한다. 동시에 '내 마음을 나눌 친구가 없다'('없다'=39.5% vs. '있다'=36.0%)고 응답한 청년 비율이 더 높았다는 사실은 교회가 물리적 안전을 넘어 정

서적·관계적 안전을 채우는 공동체로 거듭나야 한다.[46]

결국 교회가 답해야 할 질문은 단순히 "신앙을 가르칠 것인가"가 아니라, "이곳이 청년들의 몸과 마음, 정체성과 관계에 있어 진정으로 안전한 터전인가?"이다. 사고와 그 여파 속에서 교회를 떠난 많은 청년들에게 다시 돌아오고 싶은 공동체, 머물고 싶은 공간을 제공할 수 있을 때 비로소 교회는 그들의 영적 안전망이 될 수 있을 것이다.

소결: 미국과 한국의 Z세대 모두에서 종교에 대한 전통적인 소속감은 현저히 약화되었다. 하지만 그렇다고 영성 자체가 사라진 것은 아니다. 오히려 이들은 새로운 방식으로 신성함을 추구한다. 기존 종교가 제공하지 못한 의미와 실천의 공간을 스스로 창조해 나가고 있다. 이러한 흐름은 비 종교화와 탈 제도화라는 큰 틀 속에서 종교성의 새로운 표현 방식을 탐색하게 한다. Z세대를 향한 신앙 교육과 목회는 단순히 교회로 끌어들이는 방식이 아니다. 그들이 살아가는 현실적 문제에 복음이 어떻게 응답할 수 있는지를 보여주는 방향이다.

교회가 Z세대와의 소통을 원한다면 새로운 감수성과 언어를 반영한 접근이 필요하다. 무엇보다 교회는 일방적, 수직적 자세로 이들에게 다가가려 해서는 안된다. 진정성과 신뢰를 바탕으로 관계를 형성해야 한다. 교리를 일방적으로 가르치기보다, Z세대가 가지고 있는 질문과 고민을 함께 붙들어 주고, 그 여정 속에서 신앙의 의미를 발견하도록 도와야 한다. 또한 공동체성 역시 폐쇄적인 소속감이나 획일적 동질성으로는 설득력을 가지기 어렵다. Z세대가 중요하게 여기는 열린 연대감, 다양성과의 공존을 바탕으로 한 공동체 경험을 제공해야 한다. 복음의 메시지도 디지털 환경에 익숙한 Z세대에게 맞도록, 시청각적 언어와 상호작용 중심의 플랫폼을 통해 새롭게 전달되어야 한다. 특히 삶과 연결된 메시지, 수평적이고 진정성 있는 공동체, 실천 중심의 신앙 모델이 중요하다. 종교적 언어보다 일상의 언어로, 교리보다 공감으로 접근할 때, Z세대는 새로운 방식으로 하나님 나라에 반응할 가능성을 가질 것이다.

4. Z세대 신앙 부흥의 사례 관찰

Z세대는 지금까지의 어떤 세대보다 교회와 거리를 둔 세대이지만, 동시에 새로운 부흥의 가능성도 가장 역동적으로 품고 있는 세대다. 이는 단순히 희망 섞인 추측이 아니라 기독교가 쇠퇴하는 서구 사회에서 발생하는 신선한 실제 사례이다. 서구의 Z세대가 신앙적으로 부흥하기 시작했다는 사례는 아니지만, 의미있는 사례로 관찰이 필요하다. 다만 Z세대의 삶의 조건, 세계관, 종교성은 이전 세대와 매우 다르다. 그만큼 교회의 사역 접근도 철저한 갱신이 필요하다.

1) 애즈베리 대학교의 부흥 : 진정성 중심의 자발적 예배

2023년 2월, 미국 켄터키주 윌모어(Wilmore)에 위치한 작은 기독교 대학, 애즈베리 대학교(Asbury University)에서 예기치 않은 부흥 운동이 시작되었다. 매주 열리는 평범한 수요 채플 예배가 끝난 후, 몇몇 학생들이 자발적으로 자리에 남아 찬양과 기도, 회개의 시간을 이어갔다. 이 예배는 무려 16일간 쉬지 않고 이어지는 장기적인 연속 예배로 확산되었다. SNS를 통해 소문이 퍼지자, 전국 각지에서 청년들과 목회자들이 몰려들었고, 수만 명이 이 작은 캠퍼스를 방문하며 하나님의 임재를 경험했다.

이 사건은 단지 한 캠퍼스의 특이한 현상으로 치부되기 어려운 흐름이었다. 특히 주목할 만한 점은, 이 부흥의 주체가 바로 Z세대였다. 앞에서 말했듯이 비종교적이며, 권위를 거부하는 것으로 취급된 이들이 인위적이지 않고, 무대 중심도 아닌 조용하지만 진실한 예배와 회개에 깊이 반응하고 있었다.

애즈베리 부흥의 가장 특징적인 요소는 바로 단순함과 진정성(authenticity)이다. 설교자는 유명하지 않았고 조명이나 무대 장치도 없었으며, 예배는 계획된 프로그램이 아니라 성령의 인도하심에 따라 자연스럽게 흘러갔다. 수많은 청년들이 마이크 앞에 나와 죄를 고백하고, 서로를 위해 눈물로 중보하며 찬양을 쉬지 않고 불렀다. 이는 Z세대의 중요한 특성인 진정성에 대한 갈망을 정확히 반영하는 장면이었다.

Z세대는 조직화된 종교에는 회의적이다. 하지만 영적 체험에 대한 갈망은 가장 높은 세대라 할 수 있다. 그들은 제도화된 교회보다는 정직한 감정의 표현, 공동체적 친밀감, 의미 있는 참여를 통해 신앙을 경험하고자 한다.[47)]

애즈베리에서 벌어진 일은 바로 이 세대의 특징을 교회적 부흥이라는 맥락에서 실현시킨 사례였다.

애즈베리 부흥은 교회가 Z세대를 이해할 수 있는 새로운 지점을 열어주었다. 많은 교회가 Z세대를 끌어들이기 위해 트렌디한 프로그램, 최신식 예배 공간, 유명한 강사를 초청하는 데 집중해왔다. 하지만 애즈베리 부흥은 오히려 비움과 침묵, 눈물과 공동체가 그들의 영혼을 움직인다는 사실을 보여주었다. Z세대에게 필요한 것은 세련된 형식이 아니라, 하나님의 임재를 함께 경험하고자 하는 진실한 공동체였다. 교회는 이제 Z세대가 신앙을 포기한 세대가 아니라, 다른 방식으로 하나님을 찾는 세대임을 인식해야 한다. 애즈베리 부흥은 이 세대가 여전히 하나님께 깊이 반응할 수 있음을 보여줬다. 오히려 교회의 부흥을 주도할 수 있는 영적 가능성을 품고 있다는 희망의 징표이다. 그들은 고요하지만 진지하게, 눈에 띄지 않게 그러나 깊이 있게, 새로운 방식으로 하나님 나라의 회복을 갈망하고 있다.

이 운동은 성대한 프로그램이나 유명 강사가 주도한 것이 아니다. 하나님의 임재와 회개, 경배 중심의 단순한 영성훈련이 핵심이었다. 이는 Z세대가 감각적이고 경험적인 동시에 진짜와 가짜를 분별하는 민감성을 가지고 있다는 것을 보여주는 사례. 당시 이 부흥의 흐름은 다른 지역, 심지어 다른 국가로도 이어졌지만, 소박하지만 진실한 공동체 중심의 영성회복이 Z세대의 신앙 회복의 열쇠로 제시되고 있다.

2) 영국의 조용한 부흥 : 공동체 기반 신앙회복

최근 잉글랜드와 웨일즈를 중심으로 신자들의 교회 출석률이 다시 증가하고 있다는 조사 결과가 발표되었다. 2018년에는 월 1회 이상 교회에 출석한다고 응답한 비율이 전체 인구의 8%에 불과했지만, 2024년에는 12%로 증가하여 50%의 상승률을 기록하였다. 특히 이 변화는 특정한 세대, 곧 Z세대라 불리는 18세에서 24세 사이의 청년층에서 뚜렷하게 나타났다.

2018년에는 Z세대의 월 1회 이상 교회 출석 비율이 4%에 불과했으나, 2024년에는 16%로 크게 상승하였다. 이 중에서도 남성 Z세대는 4%에서 21%로, 여성은 3%에서 12%로 증가하면서 전통적으로 신앙적 무관심이 많다고 여겨졌던 세대가 신앙공동체로 돌아오고 있다는 점이 주목된다.[48]

이러한 현상은 '조용한 부흥'(quiet revival)이라고 불리고 있다. 대규모 집회나 눈에 띄는 운동이 아니라, 일상적인 출석과 공동체 참여를 통해 점진적으로 확산되는 신앙 회복이기 때문이다. 이 부흥은 어떤 교단이나 특정 지도자의 주도에 의한 것이 아니다. 개개인이 스스로 의미와 소속을 찾고자 하는 자발적인 흐름에서 비롯되었다. Z세대는 전통적인 교회의 위계적 구조나 권위 중심의 운영 방식에는 거리를 두는 경향이 있지만, 공동체성과 영성에 대한 갈망은 여전히 강하게 유지하고 있다. 이번 조사에 따르면 Z세대 신자들은 단순히 예배에 참석하는 데 그치지 않고 자원봉사, 지역사회 참여, 기도와 성경 묵상 등 다양한 방식으로 신앙을 실천하였다.

특히 이들은 가톨릭이나 오순절 교회처럼 의식과 상징이 강조되는 전통적 교단에 대해서도 높은 관심을 보인다. 반복되는 전례와 상징을 통해 정서적 안정과 영적 깊이를 경험하고자 하는 경향이 드러난다. 이는 신앙이 단순한 사상이나 정보 전달을 넘어, 몸과 감정, 관계로 연결되는 통합적 체험이 되어야 함을 시사한다. 단순한 종교적 습관이 아니라, 혼란스러운 시대를 살아가는 청년들이 삶의 방향성과 의미를 되찾는 과정이다.

이러한 흐름은 신앙의 질적 변화도 보여준다. 조사에 따르면 Z세대 교인 중 33%는 하나님이 확실히 존재한다고 응답했으며, 23%는 매일 기도한다고 답했다. 또한 이들 중 상당수는 성경을 더 자주 읽고 싶다고 응답하였고, 실제로 성경 묵상 빈도도 증가하는 추세를 보이고 있다.[49]

정신건강의 측면에서도 교회 참여는 긍정적인 효과를 보이고 있다. 교회에 정기적으로 출석하는 Z세대 청년들은 그렇지 않은 또래에 비해 삶의 만족도가 높고, 불안과 우울감이 낮은 것으로 나타났다. 이들은 교회를 단지 신앙의 공간으로만 여기지 않고, 외로움과 불안을 이겨내는 심리적 안식처이자, 정체성과 소속감을 회복할 수 있는 공동체로 인식하고 있다.

이처럼 조용한 부흥은 숫자나 이벤트 중심의 변화가 아니라, 일상 속에서 신앙의 본질로 돌아가려는 시대적 흐름이다. Z세대는 이제 더 이상 신앙과 거리가 먼 세대가 아니다. 새로운 방식으로 하나님을 찾고 공동체 안에서 신앙을 재구성하고 있는 주체적인 세대다. Z세대는 전통적 교회 구조에 거부감을 가지면서도, 공동체성에 대한 갈망은 여전히 강하게 유지하고 있다. 이들은 조직 중심의 종교보다 감정이 진실하게 표현되고, 관계가 살아 있는 공동체 안에서 신앙을 경험하고자 한다. 이번 조용한 부흥은 그러한 흐름을 반영하는 대표적인 사례로 볼 수 있다.

3) '교회를 모르는 세대'를 위한 새로운 접근

한국 사회에서 교회에 대한 신뢰도는 전반적으로 낮은 편이지만, 그 양상은 세대에 따라 다르게 나타난다. 40~50대는 과거 교회에 대한 경험이 있는 세대로서, 교회의 정치적 편향, 윤리적 문제, 사회적 약자 이슈에 대한 미온적 대응 등에 대해 실망을 표하며 비판적 거리두기를 취하는 경향이 강하다. 이들은 교회를 알지만 신뢰하지 않는 세대라고 할 수 있다.

반면 20~30대, 특히 Z세대는 아예 교회를 접한 경험 자체가 적은 경우가 많다. 부모 세대의 신앙 전수가 약화되고, 사회 전반의 탈종교화 흐름 속에서 자란 이들은 교회를 종교기관이라기보다 낯선 공간으로 인식한다. 단순히 온라인 콘텐츠나 미디어를 통해 간접적으로만 접하는 경우가 많다. 그들에게 교회는 신뢰 대상이기 이전에 익숙하지 않은 존재이며, 종종 구시대적이거나 배타적인 이미지로 여겨지기도 한다. 즉, 이 세대는 교회에 등을 돌린 것이 아니라 애초에 교회에 대해 무관심하고, 교회와 연결되지 않은 '비접속 세대'로 이해할 수 있다.

이러한 경향은 교회의 새로운 사역 패러다임을 요청한다. 기존의 교회 중심 전도 방식은 Z세대에게 효과적으로 다가가기 어렵다. 오히려 삶의 현장과 디지털 공간에서 신뢰를 획득하고, 진정성 있게 동행하는 관계 중심 사역이 필요하다. 교회를 향한 불신이 아니라, 무지와 무관심이 주된 장벽인 세대에게는 정죄나 교리적 설득보다, 우선적으로 교회를 '신뢰할 만한 사람들의 공동체'로 경험하게 하는 접근이 중요하다.

그러나 동시에, 단지 좋은 공동체 경험을 제공하는 것만으로는 충분하지 않다. Z세대는 감성적 연결과 더불어 지적 정직성과 삶의 의미에 대한 질문도 함께 갖고 있다. 따라서 교회는 그들에게 기독교 신앙이 왜 여전히 진리이며, 오늘날의 삶과 문화 속에서도 설득력 있는 해답을 줄 수 있는지를 변증적으로 설명하고, 인격적으로 양육하는 사역을 강화해야 한다. 신앙에 대한 질문을 회피하지 않고 열린 태도로 함께 탐구하며, 기독교 세계관이 갖는 깊이와 지혜를 보여주는 지적·영적 교육이 Z세대에게는 반드시 필요하다.

한국의 Z세대는 공식 교회를 잘 모를지라도, 유튜브와 같은 디지털 플랫폼을 통해 신앙 콘텐츠와 깊은 접점을 유지하고 있다.[50]

이는 Z세대가 감성적 공감과 지적 호기심을 동시에 만족시키는 콘텐츠를 통해 신앙을 탐색하고 있다는 사실을 보여 준다. 교회는 이러한 흐름을 '영적 접점'의 기회로 인식해야 한다. 디지털 콘텐츠 전략을 세밀하게 설계하여 Z세대와의 소통을 강화해야 한다. 이는 단순한 정보 전달을 넘어서, 기독교 신앙이 어떻게 실존과 지성, 공동체와 삶을 통합적으로 아우르는가를 체험하게 하는 목회적 과제라 할 수 있다.

소결: Z세대를 위한 사역 방향의 전환 과제

Z세대는 비록 제도적 교회에서 멀어져 있지만 새로운 부흥의 불씨를 지닌 세대다. 교회는 이들에게 '돌아오라'고 말하기보다, 먼저 다가가 듣고 그들의 언어로 복음을 다시 풀어내야 한다. 그들이 안전하게 정착할 수 있는 열린 공동체를 마련해야 한다. Z세대는 그 자체로 교회의 과거를 비판하고, 교회의 미래를 만들어갈 하나님의 새로운 도전이자 기회다.

5. Z세대를 위한 목회적 이슈들

에베소서 4장 11절과 12절은 교회의 다양한 사역과 기능들이 무엇을 위해 존재하는지 이유를 보여준다. "그가 어떤 사람은 사도로, 어떤 사람은 선지자로, 어떤 사람은 복음 전하는 자로, 어떤 사람은 목사와 교사로 삼으셨으니 이는 성도를 온전하게 하여 봉사의 일을 하게 하며 그리스도의 몸을 세우려 하심이라." 교회는 성도를 제자로 세우기 위한 목양과 교육을 제공해야 한다. 이는 Z세대에게도 변함없이 적용되어야 할 교회의 사명이다. 교회는 Z세대를 즐겁게 해주고 그들을 끌어들이는데 목표가 있는 것이 아니라, 그들을 그리스도의 제자로 성숙시켜 그의 몸된 공동체의 책임 있는 지체가 되게 해야 한다.

따라서 Z세대의 취향과 필요를 이해하고 그들에게 적절한 접근 방법을 활용하면서도, 사역의 초점은 그들을 제자로 삼는 것임을 항상 유념해야 한다. 그런 측면에서 Z세대의 가장 대표적인 특성인 디지털 문화, 자기 정체성주의, 라이프스타일을 기독교적 관점에서 고려하며 목회적 교훈을 찾는 작업이 요청된다.

1) 디지털 네이티브를 위한 목회적 교훈: 피상성을 넘어서는 복음적 제자도

앨런 노블(Alan Noble)은 《균열적 증언: 산만해진 시대에 진리를 말하기》(Disruptive Witness: Speaking Truth in a Distracted Age)에서

"디지털 기술과 소비적 엔터테인먼트가 만들어내는 산만하고 가벼운 문화 속에서 복음이 이러한 관행에 균열을 일으키며 삶의 진정한 실체를 끌어낼 수 있는지를 통찰한다. 노블은 현대 디지털 미디어가 만들어내는 짧고 신속히 넘어가는 숏폼 영상들은 우리를 집중하고 숙고하지 못하는 삶으로 이끈다고 지적한다. 가볍고 찰나적인 삶의 체화는 보이지 않는 하나님을 믿고, 그리스도의 제자로 헌신하기 위해서 반드시 거쳐야 하는 자기성찰과 묵상의 습관을 앗아가기 때문이다."

노블은 이를 '이중 운동'(double movement)이라는 용어로 표현한다. 이 개념은 종교개혁자 칼뱅이 《기독교 강요》 서문에서 말한 '하나님을 아는 지식과 인간을 아는 지식의 상호성'에 근거한다. 즉 인간은 자기 자신의 내면을 돌아보고 하나님을 향한 더욱 높은 선으로 나아가야 한

다는 것이다. "우리가 내면을 보고 거기에 거하는 죄를 발견하면, 그 죄에 대한 자각은 친히 우리를 용서하시고자 그 죄를 짊어지신 분의 십자가로 우리를 이끌어 간다."[51] 그러나 현대 디지털 문명은 이와 같은 이중 운동을 허용하지 않고, 짧고 가벼운 영상 클립과 메시지로 자기 자신의 관심에 머물게 한다.

현대인은 끊임없이 변화하는 외부 자극에 노출되어 분산된 존재가 되어간다. 그래서 하나님 앞에서의 믿음과 그리스도를 따르는 변화된 삶을 위한 자기 성찰과 내적 진지함을 잃어버릴 수 있다. 재미와 신선함이라는 효과로 인해 교회는 젊은 세대에게 이러한 디지털 문명의 이기를 여과없이 사용하고 의존하도록 한다. TV나 유튜브에서 인기 있는 프로그램을 흉내내며 교회와 행사를 홍보한다. 이는 마치 기독교 제자도를 위한 목회와 교육이라는 통로에 누수가 생기는 것과 같다. 왜냐하면 진정한 그리스도를 따르는 삶에 요구되는 자기 성찰의 역량을 계속 침식시키기 때문이다.

오늘날 Z세대는 디지털 환경 속에서 언제 어디서나 연결되어 있다. 자신이 원하고 개인적으로 흥미로운 콘텐츠를 즉각적으로 경험한다. 이들의 디지털 네이티브적 속성과 재미를 추구하는 취향은 자칫하면 그들의 영혼에 깊은 피로와 고립을 줄 수 있다. 이는 그리스도의 제자됨이라는 신앙의 궁극적 목적과 더욱 멀어지게 만들 가능성이 있다. 따라서 Z세대를 위한 목양과 교육은 그들이 익숙하고 즐겨하는 문화적 매개를 고려하되, 거기에 내재된 위험성을 극복해야 한다. 더욱이 그리스도의 장성한 분량에 이르는 길을 진지하게 모색함으로 시작해야 한다.

이러한 관점을 Z세대 목회에 적용하면, 가장 시급한 과제는 '속도와 소음'에 익숙한 세대에게 하나님과 자신을 마주할 수 있는 침묵과 여백을 제공하는 것이다. 이는 예배의 리듬을 재설계하고 성경을 정보가 아닌 이야기로 경험하게 하며, 공동체를 감정과 신앙의 실재를 나누는 공간으로 회복하는 일과 맞닿아 있다. 교회 교육은 개념을 가르치는 것이 아니라, 신앙이 어떻게 삶의 이야기 속에서 풀려나는지 보여주는 서사적 접근이 필요하다. 또한 교회는 신앙을 말로만 전하는 곳이 아니다. 실제 삶의 방식과 공적 행위로 증언하는 공동체가 되어야 한다. Z세대는 말보다 삶에 반응하며, 교회는 바로 그 '삶의 다른 방식'을 드러내는 증언의 장이 되어야 한다.

노블은 몇 가지 대안적 실천을 제시하는데, 먼저 침묵의 중요성을 말한다. 그는 현대 사회가 갖는 주의력의 분산, 정보 과잉, 디지털 과몰입, 자기 연출의 문화 속에서 신앙과 하나님에 대한 깊은 성찰이 불가능해지고 있다고 분석한다. 침묵은 단순한 말 없음이 아니라, 영혼의 주의를 하나님께로 되돌리는 훈련이다. 오늘날 대부분의 사람들이 소셜미디어, 유튜브, 음악, 팟캐스트 등의 지속적 자극 속에 살고 있다. 이러한 환경은 하나님에 대한 질문이나 자기성찰을 회피하게 만든다. 인간은 산만한 상태(distracted state)에 익숙해진다. 그는 침묵이 이 불안정한 자아 상태를 균열(disruption)시키고, 깊은 진실과 마주하게 만드는 신앙적 문이 된다고 본다.[52]

오늘날 많은 설교가 끊임없는 설명과 주장으로 가득 차 있으며, 회중에게 하나님의 임재를 숙고할 틈을 주지 못하는 것은 아닐까? 그렇다면, 설교 중간의 정적, 예배 전후의 침묵 시간, 공동체 기도 중 고요한 순간이 회중으로 하여금 말씀 앞에서 내면의 공간을 열게 하는 중요한 도구가 될 수 있다.

노블이 제안하는 두 번째 실천은 감사하는 마음으로서 이는 우리의 욕구를 재정렬하는 방식이다. 구체적으로 식사 기도는 감사를 실천하는 좋은 출발점이다. 공공연한 자리에서 함께 식사 기도를 한다는 것은 갈수록 어색한 행위가 되어간다. 그러나 빠르게 흘러가는 일상 속에서, 친구나 동료들과의 식사 자리에서 잠시 고개 숙여 기도하는 행위는 그 자체로 감사를 표현하는 행위이다. 특히 Z세대처럼 신앙과 일상을 분리시키기 쉬운 환경에 있는 세대에게는, 식사 기도와 같은 짧고 반복되는 몸의 습관이 신앙을 삶의 리듬 속에 심어주는 중요한 방법이다.

노블은 또한 안식일의 준수를 제시한다. 이는 단순한 종교적 행위가 아니라 세속적 삶의 흐름에 틈을 내는 신앙의 개입이다. 안식은 단순히 쉬는 날이 아니라, 시간을 하나님께 되돌려 드리는 행위다. 현대인은 늘 바쁘게 움직이고, 특히 Z세대는 쉬지 않고 자기계발과 연결 속에 살아간다. 이런 흐름 속에서 의도적으로 아무것도 하지 않는 시간, 즉 안식을 지키는 것은 세상이 말하는 성공적인 삶에 저항하는 일이다. 이 시간은 "내 삶의 주인은 내가 아니라 하나님이시다"라는 고백의 시간이며, 존재의 본질을 회복하는 시간이다. Z세대 목회에 있어서 안식은 속도에 지친 젊은이들에게 쉼과 회복을 하게 한다. 하나님 안에 머무는 정체성을 되찾게 하는 중요한 영적 훈련이 된다. 안식은 시간의 질서를 뒤집는 증언이다.

2) 자기중심 세대를 위한 목회적 교훈: 자기 결정의 피로 속에서 회복을 말하다

앨런 노블은 그의 또 다른 저서 《나는 나의 것이 아니다》(You Are Not Your Own)에서 현대 사회가 인간에게 끊임없이 자율성과 자기 통제, 자기 최적화를 요구한다고 진단한다. 사람들은 "나는 나의 것이다"라는 신념 아래, 자신을 설계하고 성취하고 관리해야 한다는 강박 속에 살아간다. 그로 인해 정체성의 불안, 만성적 탈진, 비교 중독, 존재의 피로에 시달리고 있다. 그는 이러한 문화의 뿌리에 있는 인간 중심적 자율성의 신화를 해체하며, 기독교 복음이 전혀 다른 방식의 삶을 제시한다고 말한다. 곧, 복음은 "너는 너 자신의 것이 아니다"라는 선언으로 시작하며, 인간은 자기를 소유하고 통제하는 자가 아니라, 하나님께 속한 위탁된 존재임을 깨닫는 데서 참된 자유가 시작된다고 강조한다.[53]

노블은 하이델베르크 교리문답의 첫 번째 문답이 오늘날 자기 정체성과 자기 증명을 중시하는 Z세대에게 위안과 개선, 그리고 소망을 줄 것이라고 생각한다. 하이델베르크 교리문답의 시작은 "삶과 죽음 사이에서 당신의 유일한 위안은 무엇입니까?" 라는 질문이며 그에 대한 답은 "살아서나 죽어서나 나는 나의 것이 아니오. 몸도 영혼도 나의 신실한 구주 예수 그리스도의 것입니다"이다. 이 문답에 담긴 진리는 현대 문화의 이미지와 상징에 의해서 정체성이 왜곡되는 세대에게 그리스도와 그의 은혜 안에 속한 인간의 근본적 존재됨과 성품을 회복하게 한다는 점이다.[54] 이 선언은 단지 신학적 명제가 아니다. 인간의 삶 전체를 재구성하는 근본적인 전환을 요구한다. 시간의 리듬, 관계의 방식, 자아 인식의 구조, 실패에 대한 태도, 심지어 예배의 형식과 교회의 행정 질서까지 모두 이 선언에서 새롭게 조명되어야 한다. 특히 Z세대에게 이 복음의 메시지는 더욱 절박하게 다가온다. 이들은 어릴 적부터 브랜드화된 자아 형성의 환경에서 자랐다. 끊임없이 자신을 '더 나은 나'로 포장하고 증명해야 하는 자기 최적화의 문화 속에 살아간다. 비교, 연출, 자기 검열은 이들의 일상이다. 성취 중심의 자기 이야기는 곧 존재의 가치와 직결된다는 왜곡된 정체성 구조 안에서 고통받고 있다.

따라서 오늘날 교회는 복음을 단지 설명하거나 설득하는 데 머무르지 않고, "너는 너 자신의 것이 아니다"라는 선언을 실제로 경험할 수 있는 공동체적 공간과 언어와 구조로 구현해야 한다. 이를 위해서 교회가 할 수 있는 세 가지의 대안적 실천을 모색해보자.

첫째, 교회는 존재 기반의 공동체 질서를 회복해야 한다. 청년이 무언가를 이루었기 때문에 환대받는 것이 아니다. 그들 자신의 존재 자체로 받아들여지고 존중받는 공동체 분위기를 만들어야 한다. 행정과 리더십 구조 또한, 경쟁력 있는 리더보다 돌봄과 연대에 기초한 사람을 세우는 방향으로 재구성되어야 하며, 실패와 연약함도 신앙의 일부로 받아들일 수 있는 언어적·실천적 환경이 필요하다.

둘째, 교육과 설교는 성공한 신앙인의 모델을 제시하는 것이 아니다. 하나님께 속한 존재로서 실패와 제한을 수용하는 방식을 훈련해야 한다. 노블이 강조하듯, 실패를 수용하는 용기야말로 하나님께 속한 존재로서 참된 자아를 회복하는 시작이다. 교회는 성과 중심의 간증보다 연약함과 회복의 이야기를 함께 나눌 수 있는 자리를 마련해야 한다. 더불어 디지털 금식, 느림의 영성, 침묵 훈련 등은 자기 통제의 욕망에서 벗어나 하나님 앞에 단순히 '머무는' 삶을 가능하게 한다.

셋째, 설교와 목회 언어는 Z세대의 삶을 해체하는 것이 아니다. 오히려 그들의 존재를 감싸 안으며 하나님이 누구신지를 말해주는 언어여야 한다. "너는 귀하다", "하나님이 너를 기뻐하신다", "하나님께 속했다"는 언어는 정체성 피로에 시달리는 이들에게 해방의 선포가 될 수 있으며, 복음은 결국 존재의 회복과 공동체적 안식을 향한 초대가 되어야 한다.

결국 "너는 너 자신의 것이 아니다"라는 복음은 단지 개인의 구원 교리를 말하는 선언이 아니다. 그들이 자기 통제의 신화를 해체하고, 하나님께 의탁된 존재로서의 삶을 가능케 하는 실존적 해방의 문장이다. 교회는 이 복음을 통해 Z세대가 끊임없는 자기 서사의 압박에서 해방되고, 하나님 안에서 쉼과 신뢰, 관계와 책임, 은혜와 회복의 삶을 누릴 수 있도록 돕는 공간이 되어야 한다. 노블은 바로 이 지점에서 복음이 어떻게 현대인의 삶 속에서 적용될 수 있는지를 섬세하고 신학적으로, 설득력 있게 제시하였다. 오늘의 교회가 Z세대를 어떻게 품고 가르쳐야 하는지를 깊이 있는 통찰로 안내하고 있다.

3) 습관과 가치의 루틴과 영성훈련

미국의 젊은 크리스천들이 가장 많이 읽는 책들의 저술가인 존 마크 코머(John Mark Comer)는 영적인 실천을 그들의 삶에 습관화시키는 작업을 한다. 원래 포틀랜드의 브리지타운(Bridgetown) 교회의 설립목사였던 그가 쓴 《24시간 나의 예수와》(Practicing the Way)는 현대 사회, 특히 Z세대가 겪는 정체성의 혼란, 분주한 일상, 깊은 갈망에 응답하는 영성 훈련의 방향을 제시한다.[55] 이 책은 단순한 교리 교육을 넘어, 예수님을 따르는 삶의 구체적인 방식을 실천 중심으로 회복해야 한다는 메시지를 담고 있다. 코머는 제자도가 단순히 '믿는 것'이나 '말로 고백하는 것'이 아니라, 일상의 삶 안에서 예수님의 삶의 방식(Way of Jesus)을 훈련하고 따라가는 과정임을 강조한다.

코머는 예수를 믿는다는 것은 예수를 따르는 것이며, 그것은 제자들이 했던 것처럼 예수님과 동고동락하는 것이라고 주장한다. 그러한 예수를 따르는 삶을 그는 21세기 젊은이들 사이에서 실험한다. 예수를 믿고 따른다는 것은 첫째 목표는 예수님과 사랑하고 교제를 나누는 함께함이다. 두 번째 목표는 예수님처럼 되는 것이다. 날마다 예수님을 닮아 사랑이 넘치는 사람으로 변화되는 영성 형성을 이루어야 한다. 세 번째 목표는 예수님처럼 행동하는 것이다.

복음을 전하고 복음을 증명하고 복음의 공동체 안에서 서로 책임 있는 관계를 누리는 것이다. 이러한 세 가지 목표를 위해서 일상의 생활 수칙을 영적으로 재편성해야 한다.

코머는 예수님을 따르는 삶의 핵심으로 '슬로우 다운'(Slow down), '쉼'(Rest), '기도와 묵상'(Prayer & Meditation), '공동체 생활'(Community), '정서적 건강'(Emotional Health) 등을 제시한다. 이는 빠르게 소비되고 단절되는 디지털 시대를 살아가는 Z세대에게 신앙의 루틴과 의미 있는 관계, 내면의 일관성을 제공하는 대안이 된다. 코머의 제안은 단지 영성 훈련의 안내서를 넘어선다. 그것은 Z세대가 다시 하나님과 연결될 수 있는 실천의 플랫폼으로 작동하고 있다. 그는 미국 포틀랜드의 도시 감성을 이해하면서도 깊이 있는 신학적 통찰을 담은 설교와 콘텐츠를 통해, **'지혜롭고도 실천 가능한 신앙'**의 모델을 제시한다. SNS와 유튜브, 팟캐스트를 적극 활용해 복음을 전하는 그의 사역은, 기존 교회 구조와 일정한 거리를 둔 채 새로운 방식으로 하나님을 찾는 젊은 세대의 감수성과 맞닿아 있다.

따라서 코머가 제안하는 '24시간 나의 예수와' 함께하는 방법은 Z세대를 위한 목회의 실제적 대안이다. 현대 교회가 회복해야 할 실천 중심의 제자도 회복운동의 촉매제라 평가할 수 있다. Z세대를 향한 목회는 이제 교회로 그들을 초청하는 것을 넘어, 예수님의 길을 함께 **'연습하고 살아내는 공동체'**로 세우는 것이다. 코머의 제안은 그 변화의 가장 핵심적인 실마리를 제공하고 있다.

6. 한국의 사례: 홍대 뉴송, 시광교회, 낮은자리교회

1) 디지털과 청년신앙공동체

홍대 뉴송처치(NewSong Church)는 2017년 3월 7명의 청년으로 시작해 현재 주일·금요예배마다 200~350명이 모이는 **'청년 특화'** 교회로 성장했다. 청년 성도 비율이 99%에 이르며 대부분 20 ~ 30대로 구성돼 있다. 예배당은 문을 닫은 홍대 인근 클럽 지하 공간을 리모델링한 곳이다. 십자가나 전통적인 교회 간판 대신 네온사인과 공연장 조명을 배치해 Z세대가 익숙한 분위기를 조성했다. 이 '클럽 같은 예배당'은 교회 문턱을 낮추고 호기심을 불러일으켜 예배를 기다리는 줄이 홍대 거리까지 이어지는 풍경을 만들었다. 즉 세속적 감각에 친숙하게 다가가지만, 그 안에서 **'다른 리듬'**과 **'다른 존재 방식'**을 조용히 제시한다.

교회는 개척 초기부터 유튜브·인스타그램·페이스북을 통해 5분 묵상, 간증형 메시지, 예능 형식 주일광고 등 디지털 콘텐츠를 꾸준히 발행해 온라인에서 신뢰를 쌓는다. 이후에 오프라인 방문으로 연결시키는 선순환을 만들었다. 소셜 미디어를 활용한 콘텐츠는 피상성에 머무르지 않고, 오프라인 셀모임으로 이어지는 구조를 통해 관계적 주의 집중을 유도한다. 즉 Z세대의 문화 코드에 진입하되, 그 안에 영적 전환의 가능성을 담아내는 것이다. 디지털을 적극 활용하면서도 오프라인 소속감과 반복 훈련의 구조를 고수하는 점은 '디지털 세대'에게 일상의 영성 루틴을 제공하는 의미 있는 접근이다.

뉴송처치는 Z세대의 언어와 문화, 감각과 통로를 충분히 이해하고 수용하면서도, 그 안에서 새로운 존재방식과 삶의 구조를 제안하려는 시도이다. 이는 단순한 교회 '스타일'이 아니라 산만한 시대 속 집중의 회복, 자기 소유를 거부하는 자유, 삶으로 체득되는 신앙 루틴이라는 **현대 목회의 본질적 요구에 대한 실제적 대답**이라 할 수 있다.

교회가 이러한 모델을 참고할 때 표면적 유행이나 구조만 복제할 것이 아니다. 오히려 그 이면에 담긴 신학적 감수성과 공동체적 설계 원리를 본받는 것이 중요하다. Z세대는 여전히 하나님을 갈망하고 있으며, 그들을 위한 새로운 복음의 그릇이 필요할 뿐이다. 뉴송처치는 그 가능성을 보여주는 하나의 목회 실험실이다.

2) 질문을 환영하는 교회: 변증적 신앙과 Z세대의 만남

이정규 목사가 시무하는 시광교회의 목회와 설교는 오늘날 Z세대를 위한 목회와 양육에 깊이 있는 통찰을 제공한다. 그는 교회를 '하나님의 가족'으로 회복하는 데 초점을 맞추며, '새신자반'이 아닌 '새가족반'이라는 이름을 사용해, 처음 교회를 찾는 이들을 조건 없이 환대하고 공동체의 일원으로 받아들인다. 이는 소속의 갈망과 정체성의 불안을 경험하는 Z세대에게 교회가 정체성을 회복하는 안전한 영적 집이 되어야 함을 보여준다.[56]

이 목사는 회개를 죄책감을 유발하는 의무가 아니라 하나님의 사랑으로 되돌아가는 기쁨의 길로 설교한다. 회개의 메시지 속에 위로와 회복, 자유가 담겨 있다. 이정규 목사의 목회 방향은 실패와 연약함을 나누고 싶어 하는 Z세대의 감수성과 정서적 필요에 부합한다. 이는 교회가 더 이상 도덕적 평가의 공간이 아니라, 연약한 이들이 숨쉴 수 있는 회복의 공동체가 되게 한다. 특히 성경의 서사를 젊은이들이 처한 삶의 언어로 재해석하고 그리스도 중심적 메시지로 귀결되는 특징을 지닌다.

이정규 목사는 특히 교회가 Z세대에게 '방탄막 같은 존재'가 되어야 한다고 강조한다. 오늘의 청년들은 사회와 인간관계 속에서 반복되는 좌절과 폭력에 노출되어 있으며, 신앙은 그들 삶을 보호하고 지지하는 실제적인 '정서적 안전망'으로 작동해야 한다. 시광교회는 그러한 요구에 응답하며 관계 중심의 목회와 따뜻한 공동체 문화를 통해 청년들이 교회 안에서 편안히 머무를 수 있도록 돕는다.

시광교회의 청년 사역은 **변증적 양육**이라는 측면에서도 중요한 시사점을 준다. 이정규 목사의 설교는 청년들에게 기독교 신앙이 단지 교리나 규범이 아니라 삶 전체를 관통하는 세계관이며, 실제로 적용 가능한 진리임을 설교와 교육을 통해 드러낸다. 고민과 질문이 많은 Z세대는 자신들의 상황에서 복음의 진리가 어떻게 연결되는지를 대면하고, 그리스도께서 해답이 된다는 것을 발견하게 된다. 단편적인 답변이나 감정적 호소가 아니라, 질문을 환영하고 진리를 탐구하는 신앙 교육의 분위기가 시광교회 안에 자연스럽게 조성되어 있다.[57]

앞에서 한국의 Z세대는 가장 비종교적이면서 영적 감수성은 여전하다고 평가했다. 더군다나 이들이 교회를 잘 모르는 세대이기 때문에 기독교에 대한 신선한 배움에는 관심을 가질 가능성이 있다. **시광교회의 사역은 Z세대가 복음을 정보가 아닌 이야기로, 프로그램이 아닌 관계로, 규범이 아닌 진리로 경험하도록 노력하고 있다.** 진정성 있고 이성적이며 정서적으로 안전한 신앙 공간을 통해 청년들이 하나님 안에서 자기 존재를 다시 발견하고 회복할 수 있도록 돕는 것이다. 이러한 목회 방식은 Z세대를 위한 변증적 양육이 신뢰와 정서, 사고와 관계가 함께 작동하는 통합적 과정이어야 함을 강하게 보여주는 실제적 모델이다.

3) 경제적 불안에서 복음적 환대로

오늘날 Z세대는 불안정한 경제 현실, 고립된 인간관계, 과잉 정보의 소음 속에서 정체성과 소속의 의미를 새롭게 찾고 있다. 이들은 말뿐인 신앙보다는 삶 속에서 실천되고 경험되는 공동체를 갈망한다. 이들은 교회가 실제적인 '삶의 공간'이 되기를 기대한다. 서울 송파구 낮은자리교회의 목회와 공동체 실천은 Z세대의 영적 필요뿐 아니라 그들이 겪고 있는 경제적 현실과도 깊이 연결되어 있다.[58] 오늘날 Z세대는 주거, 교육, 취업, 부채 문제 등으로 인해 경제적 불안정성을 경험하고 있으며, 이러한 현실은 그들의 정체성과 신앙 형성에도 직접적인 영향을 미치고 있다. 낮은자리교회는 이처럼 구조적 불평등 속에서 살아가는 청년들의 삶을 신앙의 언어로 포착하고, 돌봄과 환대의 실천을 통해 교회가 단지 영적인 위로를 제공하는 공간이라는 인식을 넘어선다. 그들을 향한 삶의 버팀목이 되는 공동체가 되어야 함을 보여준다.

'한밥살이' 식당을 통한 공공 급식은 단순한 봉사 활동이 아니라, 공적 자원을 공동체적 방식으로 나누는 신앙 실천이며, 경제적 여유가 없는 청년들에게도 비용 부담 없이 따뜻한 한 끼와 공동체의 온기를 경험할 수 있는 공간을 제공한다. 이는 Z세대가 자주 겪는 생계와 인간관계의 단절을 회복하는 방식이며, 소비자적 교회 모델이 아닌 생활 기반의 신앙 공동체를 구현하는 구체적 사례로 평가된다.

또한 수평적 소그룹 모임은 성공 중심적 사회 구조 속에서 소외감을 느끼는 Z세대에게 성과와 비교의 압박에서 벗어나 환대받는 공동체의 경험을 하게 한다. 이처럼 교회가 인간의 가치가 경제적 성취나 능력에 의해 평가되지 않는 공간으로 작동할 때 Z세대는 교회를 자율성과 안정, 회복의 장소로 인식할 수 있게 된다.

결과적으로 낮은자리교회는 Z세대의 경제적, 정서적, 영적 상황을 통합적으로 이해한다. 그들은 **삶의 자리에서 복음을 구현하는 공동체의 모델을 제시**하고 있다. 이 교회는 말로만 복음을 전하는 것이 아니라, 삶으로 복음을 살아내는 공동체가 되어, Z세대가 교회 안에서 다시금 소속과 의미, 실질적 도움을 경험할 수 있도록 돕는다. 이러한 접근은 '교회가 왜 필요한가?'라는 Z세대의 질문에 가장 설득력 있게 응답하는 방식 중 하나라 할 수 있다.

4) Z세대의 참여적 거버넌스

Z세대는 조직 내 위계보다는 수평적 관계를, 지시와 통제보다는 참

여와 자율성을 중시한다. 이들은 단지 '어디에 속해 있는가'보다 '무엇에 참여하고 있는가'를 더 중요한 소속감의 근거로 삼는다. 따라서 교회가 Z세대와 함께하기 위해서는 예배와 콘텐츠를 청년 취향에 맞추는 수준을 넘어서 교회 구조 자체를 재구성해야 한다.

Z세대를 위한 교회 거버넌스는 단순히 청년의 목소리를 듣는 구조가 아니라, 청년이 실제로 교회를 함께 설계하고 책임지는 구조를 의미한다. 공동체의 비전, 사역 방향, 재정 집행, 리더십 선출 등 주요한 결정 과정에 청년이 실질적으로 참여할 수 있는 통로가 마련될 때, 이들은 교회를 '남의 이야기'로 여기지 않고 자신의 삶과 신앙이 연결된 살아 있는 공간으로 인식하게 된다.

이러한 방향을 구체적으로 실천하고 있는 사례로 **예능청년교회**를 들 수 있다.[59] 예능청년교회는 예능교회 안에 속해 있으면서도 독립된 정체성을 지닌 청년 공동체이다. '청년부'가 아니라 재정과 사역의 자율성을 가진 또 하나의 교회로 자리매김하고 있다. 동시에 예능장년교회와 목회 철학과 비전은 공유하고 있다.

예능청년교회의 의사결정 중심에는 운영위원회가 있다. 이는 청년 리더와 사역자들이 함께 참여하는 정기 기구로, 예배 · 사역 기획 · 예산 집행 등 주요한 교회 사안들을 논의하고 결정한다. 단지 결과를 통보받는 수동적 대상이 아니라 교회를 함께 운영하는 주체로 참여하게 되는 것이다.

또한 매년 공동의회를 통해 모든 재정과 감사 내역을 공개하고, 청년 전 구성원이 이에 대해 의견을 개진하고 동의하는 절차를 거친다. 이는 투명성을 넘어 신뢰 기반의 공동체 운영을 가능하게 하는 구조적 장치다. 청년들은 자신의 봉헌이 공동체에 어떤 방식으로 쓰이는지 확인하고, 그 안에서 주인의식과 자부심을 함께 경험하게 된다.

더불어 예능청년교회는 하반기에 정책·예산·인사 운영위원회를 개최하며, 그 결과를 '목회계획서' 형태로 정리해 전 구성원에게 배포한다. 이 과정은 단지 보고가 아니라 청년 구성원 모두가 간접적으로나마 교회의 모든 결정 과정에 연결되어 있음을 확증하는 시간이다.

이러한 구조는 Z세대가 단지 수용자나 후원자가 아닌, 사명을 함께 감당하는 동역자로 교회를 경험하도록 한다. 수평성과 참여는 이들에게 익숙한 사회적 언어이기도 하지만, 동시에 신앙적 책임과 공동체 소명을 함께 훈련하는 영적 공간이기도 하다.

오늘날 Z세대는 단순히 '젊은 감성'의 교회를 원하는 것이 아니라, **함께 참여하고 책임지는 구조 속에서 신앙을 살아내기를 갈망하는 세대이다.** 교회가 이들과 함께 미래를 준비하고자 한다면 구조와 문화를 새롭게 조직할 용기를 내야 한다. 수평적·참여적 거버넌스는 단지 조직의 유연함을 의미하는 것이 아니라, 복음의 공동체성을 다시 회복하는 교회 갱신의 출발점이 될 수 있다.

오늘날 교회가 직면한 가장 중대한 과제 중 하나는 '교회를 모르고 자란 세대'인 Z세대를 어떻게 이해하고, 어떻게 동행할 것인가 하는 문제이다. 이 세대는 디지털 문화를 일상으로 삼고 불확실한 미래와 사회적 불안을 내면화하며, 동시에 공정성과 의미, 관계와 정체성을 진지하게 성찰하는 세대이다. 비록 제도 종교에 대한 소속감은 약하지만 '영성 없음'의 세대는 아니며, 오히려 삶의 자리에서 새로운 방식으로 초월성과 공동체를 찾고 있다.

Z세대는 교회로부터 멀어져 있는 듯 보이지만, 진리를 향한 갈망과 관계적 영성에 대한 열망을 지닌 역설의 세대다. 애즈베리 부흥, 영국의 '조용한 부흥', 그리고 한국의 디지털 콘텐츠 기반 기독 청년문화와 신생 청년 교회들의 사례는 Z세대가 여전히 복음에 반응할 수 있는 깊은 영적 가능성을 지니고 있음을 보여준다. 이에 대해 교회는 몇 가지 본질적 전환을 요구받고 있다.

영성의 회복: 속도와 산만함에 잠식된 시대에 침묵과 안식, 감사와 루틴을 통한 하나님과의 깊은 만남이 필요하다.

예전의 재발견: 감각적이고 상징적인 예전은 Z세대에게 복음을 몸으로 경험하게 하는 문이 될 수 있다.

참여적 공동체: 교회는 수직적 조직이 아니라 Z세대가 주체로 참여하고 책임지는 수평적 동역 공동체가 되어야 한다.

변증적 양육: 회의와 질문을 환대하고 복음을 이들의 언어로 다시 해석해주는 해설자적 역할이 필요하다.

Z세대를 위한 목회와 교육은 단지 트렌드에 맞춘 적응이 아니라 교

회 본연의 사명을 회복하고 신학적으로 성찰하는 깊은 자기갱신의 여정이다. 오늘날의 교회는 Z세대를 단지 유지 대상으로 삼는 것이 아니라 교회의 미래를 함께 빚어갈 하나님 나라의 동역자로 초대해야 한다. 그들이 교회에 다시 머물도록 설득하려 하기보다, 교회가 먼저 변화함으로써 그들과 함께 살아가는 복음 공동체가 되어야 한다.

Z세대와의 동행은 교회의 갱신이자 복음의 재발견이다. 이들의 언어와 문화, 삶의 맥락 속에서 하나님 나라가 어떻게 새롭게 드러날 수 있을지를 고민할 때, 교회는 다음 세대를 통해 오히려 자기 존재 이유를 회복하게 될 것이다. Z세대는 교회의 위기가 아니라 하나님이 보내신 새로운 기회다. 그들을 통해 교회는 다시 복음의 생명을 배우게 될 것이다.

3장

Z세대와 예배:
본질을 회복하고
세상과 소통하라!

예배는 이론의 여지 없이 교회의 정체성이자 가장 핵심적인 사역이다. 한국의 기독교인들은 여전히 예배가 기독교인의 삶에 있어서 가장 중요한 요소라고 생각한다. 예배가 교인의 영성 형성과 일상에 지대한 영향을 끼치고 있다고 생각한다. 이러한 인식에도 불구하고 여러 방면에서 한국교회의 예배는 객관적인 성찰을 통한 개선의 여지가 있다. Z세대의 관점에서 바라보고 분석해야 할 이유는 분명하다. 단순히 4차 산업혁명과 디지털미디어가 만들어 낸 급속한 시대와 문화의 변화에 편승하는 차원이 아니라 어떻게 하면 기독교 예배의 본질을 지키면서 새로운 세대에게 설득력 있는 연구와 실제적인 적용이 필요한가를 고민할 시점이다. 본 장에서는 다양한 통계를 기반으로 Z세대의 성향과 의견을 분석하고 이에 근거하여 바람직한 예배의 모습과 발전 방향을 제안할 것이다.

객관적이고 정확한 분석을 위해 최근의 통계를 인용할 것이다.[60] 본래 숫자는 인격을 가진 존재가 아니지만, 데이터라는 도구를 통해 표정을 만들고 의견을 개진한다. 현실에 대한 냉정한 판단을 가능하게 해주고 적절한 대응을 위한 통찰도 안겨준다. 객관적인 수치가 제공하는 자료의 무게는 육중하며 신뢰할 만하다. Z세대의 한국교회에 대한 응답을 바탕으로 한국교회의 예배를 분석하고 개혁과 발전을 위한 실제적인 제안을 해보자.[61]

1. 예배의 의미와 본질의 회복

1. 예배의 의미에 충실한가?

루터는 예배를 다음과 같이 설명한다. "우리의 귀중한 주님께서 스스로 그의 거룩한 말씀을 통해 우리에게 말씀하시는 것이다. 또한 우리가 기도와 찬미의 노래 속에서 그에게 말씀하는 것 외에 어떤 다른 것도 있을 수 없다." 예배는 하나님의 계시(Revelation)에 대한 인간의 응답(Response)이다. 예배는 하나님과 인간의 만남이다. 영과 진리로 드리는 예배는 우리와 함께하시는 하나님의 모습을 드러내고 우리 자신에게 인간이 어떤 존재인지를 확인시켜주는 힘을 가지고 있다. 예배는 예배에의 부르심으로 시작된다. 이것은 우리 자신을 불러내서 '예수 그리스도 안에서 우리 자신을 찾으라는 신호'다.

하나님을 향하는 죄의 고백을 통해 은혜 안에 감추어졌던 우리 자신을 발견하게 되며, 하나님의 전적인 은총이 필요한 존재라는 사실을 깨닫게 된다. 예배는 하나님의 현존을 마주하여 그분의 주권을 인정하고 그분의 은혜를 맛보는 신비로운 영적 경험이다. 예배를 통해 세상이 제공할 수 없는 영원한 기쁨과 평안을 맛보게 된다. 예배자들은 그 은총에 대한 응답으로 감사와 찬양을 드리며 그 빛을 따라 살겠다고 다짐하고 세상으로 나아간다. 한국교회의 예배는 이와 같은 예배의 의미에 충실하는가?

아래 설문조사 내용은 교회에 출석하는 청년들이 한국교회에 원하는 개선 사항이다. 예배와 영성의 회복이 1+2순위를 합하여 절반이 넘는다. 그 다음 정의, 봉사 등의 사회적 책임 역시 45%에 달한다. 이는 많은 것을 시사한다. 성도들의 마음속에 가장 중요한 신앙생활의 요소로 여전히 예배와 영성이 차지 한다는 것이다. 또 한편으로는 예배와 영성에서 긍정적인 영향을 충분히 받고 있지 못하다는 결핍의 간접적인 표현이기도 하다. 사회 윤리적 책임에 대한 응답도 대단히 높다. 합리적이고 지성적인 신앙에 대한 높은 응답(42%)은 맹목적이고 배타적인 신앙에 경종을 울린다.[62]

[그림] 한국교회 개선 사항*

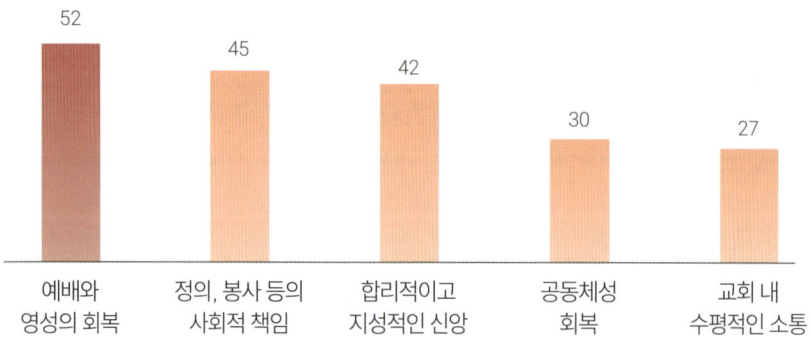

(교회 출석 청년, 1+2순위, %)

출처: 목회데이터연구소, http://www.mhdata.or.kr/bbs/board.php,110

    신앙생활에 도움이 되는 것이 무엇이냐는 질문에 대하여 Z세대 성도들은 1위(35%)로 예배와 설교를 뽑았다.[63]

    Z세대는 교회와 예배의 본질에 대한 관심이 여전히 높다. 예를 들어 교회에 호감이 있는 이유로 '성경과 복음을 가르쳐 준다'(26.1%)는 응답은 역시 교회의 본래적 사명이 가장 중요하다는 사실을 확인시켜 준다. '기독교인 친구와 이웃이 좋다'(13.0%)는 응답은 일상에서 기독교인으로서 사는 것과 교제의 중요성을 상기시켜 주는 결과다.[64]

    예배의 성경적 정의에 입각하여 한국교회 예배의 실천과 내용을 분석한다면 몇 가지 미흡한 부분이 발견된다. 교회의 예배를 중요하게 생각하고 예배 출석을 강조하는 것은 한국교회의 오랜 자랑거리였다. 다만 성도들이 예배를 중요시하면서도 일상의 삶을 목회자들에 비해 중요하게 생각하는 경향을 눈여겨볼 필요가 있다. 더불어 목회자가 생활신앙을 강조한다지만, 막상 성도들의 체감 정도는 낮다. 설교에서나 교회 생활을 통해 목회자는 예배가 가진 하나님과의 수직적 관계와 이웃과 세계를 향한 수평적 관계를 제대로 전달하지 못하고 있다. 또한 예배 속에서 구현하지 못한다는 추론이 가능하다. 예배의 본질적 속성에 대한 학습과 나눔이 절실하다.

우선 하나님과의 수직적인 만남을 통해 은혜와 경외와 신비를 경험하고 예배하는 존재로서의 자신을 확인한다는 사실이 과연 제대로 공유되는가? 한국 개신교의 예배는 개인의 신앙고백에 지나치게 몰두하는 경향이 있음을 부인하기 어렵다. 개인적인 차원에서 하나님과의 수직적 만남을 갖는 경험에 있어서도 신비와 경외보다는 개인적인 위로나 기복적 간구에 치중되어 있다. 나아가 예배가 지향해야 할 수평적 관계, 즉 사회윤리의 영역에서 부족함이 있다. 기존의 예배가 과연 공동체성을 온전하게 담고 있는가 하는 물음에 자신 있는 답변이 쉽지 않다. 예배가 구체적인 삶으로 이어져야 한다는 응답이 예상보다는 많지만, 사회윤리적 소명으로 자연스럽게 연결되지는 않는다. 전체적인 예배순서에서 사회 윤리적 소명에 대한 내용이 부족한 것도 사실이다. 이 부분에 대해 다음과 같이 간단하게 정리하며 제언할 수 있다. 자세한 설명은 다음 장에서 이루어질 것이다.

1. 예배의 수직적 의미를 살리기 위해 경외와 신비를 경험하도록 배려해야 할 것이다. 감성적 경험이 아닌 하나님과의 깊은 영적 사귐이 있도록 준비하고

배려해야 할 것이다.

2. 이웃과의 수평적 교제를 위해 다양한 방식으로 준비해야 할 것이다. 이는 사유화된 예배 순서를 공동체가 함께 참여하는 예배로 만드는 것으로부터 예배를 통해 교회와 성도가 이웃과 사회를 위해 정의와 화해와 환대를 실천하도록 준비할 수 있게 해주기까지 포괄적인 과정과 목표를 갖는다.

2. 예배와 일상의 관계-예배의 수평적 속성

Z세대가 기대하는 교회의 모습은 그들의 응답을 통해 분명하게 확인할 수 있다. 우선 교회의 목회자나 기성세대로부터 실망한 모습은 위선(52.4%)이 1위를 차지했다. 2위부터 5위까지는 '형식에 얽매이는 모습'(14.3%), '일방적 소통, 훈계'(13.7%), '꼰대같은 모습'(8.9%), '과거의 자기를 기준으로 이야기할 때'(4.7%)의 순서다.[65]

[그림] 교회 목회자/어른에게 실망한 모습 vs Z세대를 대할 때 개선되어야 할 모습(%)

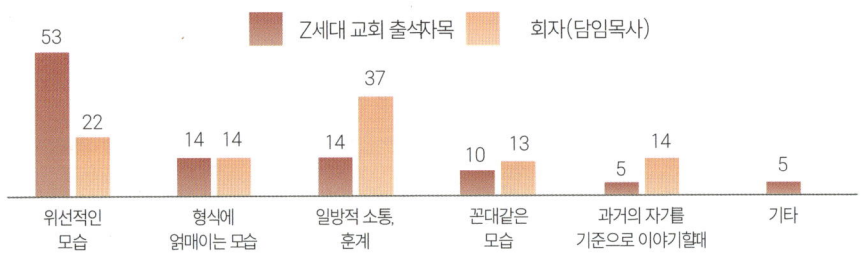

*교회 목회자/어른에게 실망한 Z세대 대상 질문임
출처: 목회데이터연구소, http://www.mhdata.or.kr/bbs/board.php,159

이러한 통계 결과는 전석재의 《2025 Z세대 트렌드와 한국교회》에서도 비슷하게 나타났다. 다만 위의 통계는 교회 안에서의 기대를 묻고 있다면, 《2025 Z세대 트렌드와 한국교회》는 교회에 대한 객관적인 성찰에 보다 집중된다. '영성의 회복'(26.2%)과 '팽창주의와 물질주의"(16.5%)에 깊은 관심을 보이는 것은 교회 본질의 회복에 대한 기대를 담고 있다. '교회 내의 공정성 회복'(15.5%)과 '목회자의 권위주의'(5.8%)에 대한 응답은 위에서 언급한 민주적인 소통에 대한 강한 기대를 내포한다.[66]

다양한 통계로부터 적잖은 충격을 받는다. 역사상 유래없는 교회의 양적 성장과 영향력을 생각하면 교회에 대한 평가가 대단히 비판적이기 때문이다. 통계의 결과는 한국교회의 신앙 양태가 가지고 있는 한계에 대한 유의미한 통찰을 제공한다. 한국교회에서 예배 참석은 신앙의 수준을 판단하는 강력한 기준으로 기능해왔다. 실제로 최근 신앙이 좋은 사람의 이미지에 대한 설문조사에서 목회자들의 30.8%가 '예배에 빠지지 않고 참석하는 사람'으로 응답하였다. 이에 반해 일반 성도들은 일상에서의 모범적인 삶과 성품, 평판, 그리고 인격을 높이 평가했다.[67] 물론 일상생활에서 기독교인으로서 거룩하게 살아가는 것이 중요하다고 목회자와 일반 성도들이 응답하였다. 하지만 일반 성도들이 그 중요성을 더 심각하게 받아들이고 있음이 설문조사에서 나타난다. 설교에서는 그 차이가 더욱 분명하게 드러난다. 많은 목회자들이 설교에서 하나님과의 관계를 강조한다고 답했지만 동일한 질문에 대하여 성도들은 30%나 낮게 응답(56%)하였다.

이러한 현상은 예배가 가져야 할 사회윤리적 속성의 결여와 연결된다. 한국교회는 예배를 통해 개인의 삶에서 영적인 변화가 일어날 뿐 아니라 사회에서의 정의로운 행동을 촉진시키는 목적에 충실하지 못했다. 예배에 대한 기복적인 이해, 불안감의 해소와 같은 현실적 기대는 일견 예배의 기능적 차원에서 이해할 수 있으나, 예배의 본질과 거리가 있는 응답이다. 개인적인 경험에 치중된 예배순서도 영향을 미쳤을 것이다. 간소화된 예배순서로 말미암아 본래 예배순서가 담고 있었던 풍부한 메타포(은유)가 상실되었기 때문일 수도 있다. 구체적으로는 한국교회의 예배순서에 윤리적 결단과 구체적인 행동에 대한 내용이 적은 것도 이유가 될 수 있을 것이다. 한국교회 예배의 특징에 대한 분석과 올바른 예배 신학의 확립이라는 과제를 안겨주며 예배순서와 내용에 대한 전면적이고 세밀한 분석과 제안이 필요하다.

이렇게 예배와 일상의 일치, 나아가 신행일치(信行一致)를 지향하는 경향은 Z세대에서 더욱 두드러진다. 《한국 교회 트렌드 2025》는 형식주의와 윤리를 중시하는 경향으로 Z세대를 평가하였다.[68] 설문조사에서 교회와 교인들이 가지고 있는 사회에 대한 배타성과 윤리적 이중성, 즉 '위선'을 지적하는 부분을 눈여겨 볼 필요가 있다. 이웃과 사회와의 관계에 대한 Z세대의 기대는 매우 높다. 이는 앞으로 예배를 기획하는 이들과 설교를 하는 전문사역자들이 눈여겨 볼 부분이다.

특별히 기독교인들이 더 배타적이며 신앙과 삶에서 불일치가 드러난다는 응답이 높게 나온 것이 두드러진다. 이는 두려운 마음으로 받아들여야 할 내용이다. 기독교인들을 상대로 이루어진 설문조사와 더불어 최근 비기독교인들에 대한 설문조사를 함께 볼 필요가 있다.[69]

비기독교인들은 기독교인들의 가장 심각한 문제점으로 배타성을 지적하였다. 근소한 차이로 신앙과 일상생활의 불일치를 문제점으로 보고 있다. 대인관계에 있어서 기독교인들의 절반 이상이(53.5%) 비기독교인들과 차이가 없다고 응답했다. 기독교가 배타적이라는 평가와 함께 눈여겨 볼 부분이다. 예배를 통해 배타적인 태도를 포용적으로 변화시킬 수 있다는 기대와 더불어 구체적으로 어떻게 할 것인가에 대한 고민과 조언이 절실히 요구된다.

즉 예배와 일상의 일치, 사회와 일터윤리에 대한 구체적인 노력이 요구된다고 분석할 수 있다. 즉 사회윤리적인 성찰과 더불어 평화와 빈곤퇴치 등 구체적인 실천의 영역에 이르기까지 예배를 통해 어떻게 다루고 실천으로 이어지게 할지 지속적인 연구와 노력이 필요하다.[70]

하나님의 백성들이 주님의 부르심을 따라 예배의 자리에 나와 주님과의 만남을 통해 자신을 확인하고, 하나님의 백성으로서 윤리적인 결단을 내리고, 하나님의 나라를 세우는 일에 파송되는 예배의 목적이 분명하게 정립되고 나누어져야 할 것이다. Z세대는 이전 세대보다 교회의 사회적 참여와 정의 문제에 매우 민감하다. 예배를 통해 성도들이 주님의 은총에 대한 응답으로 감사와 찬양을 드리며 그 빛을 따라 살겠다고 다짐하고 세상으로 나아갈 수 있어야 하는데, 예배순서에 이러한 윤리적 내용이 담겨있다는 응답은 매우 낮다. 예배는 이웃과 사회를 향하는 수평적 속성을 가지고 있다. 이웃을 사랑하며 세상을 변화시키는 사명에 대한 인식과 결단과 파송이 예배의 중요한 요소로 여겨져야 하고 예배 가운데 자리 잡아야 할 것이다. 다음과 같이 예배의 수평적 속성을 회복하기 위한 제언을 드린다.

1. 예배의 수평적, 윤리적 속성에 대한 분명한 인식이 필요하다. 예배에 대해서 잘 알고 있다는 생각에서 벗어나 과연 삶에서의 실천을 품은 바른 예배를 드리고 있는지에 대한 점검이 필요하다. 예배가 개인적 차원에 머물지 않고, 세상을 향한 출발점이라는 사실에 대한 분명한 이해가 요구된다. 특별한 강의나 교육과정을 통해 제공할 수 있는데, 사실 예배순서와 설교에 자연스럽게 녹아있을 때 가장 효과적이다.

2. 예배의 순서와 내용에서 예배의 수직적, 수평적 속성이 구현되고 있는지에 대한 면밀한 검토가 필요하다. 만약 예배의 언어가 여전히 기복적, 개인적이고 그 내용이 세속적 목표에 치중되어 있다면 철저한 성찰을 통해 보완하고 수정해야 할 것이다. 매 주일 유사하게 이루어지는 순서에도 얼마든지 세상에서의 삶을 위한 메시지를 담을 수 있다. 예를 들면 파송과 축도에 설교의 내용과 설교에서 기대하는 실천 내용을 포함하는 것도 하나의 방법이다. 예를 들면 세계적으로 관심을 가져야 할 전쟁, 식량, 환경, 그리고 불평등과 같은 문제를 위한 기도의 시간을 포함한다거나 실제로 봉사 프로젝트를 통해 어떻게 구체적으로 섬길 수 있을지 모색한다.

3. 예배와 삶 속에서 거룩한 선순환이 이루어지도록 배려하고 점검한다.

예배와 설교에서 다루는 내용들이 성도들의 일상과 어떻게 연결되는지 확인하고, 삶 속에서 어떻게 구체적으로 실천할 수 있는지 준비하고 독려해야 할 것이다.

4. 예배순서와 내용, 그리고 공간에 차별과 배제의 요소가 담겨있다면 전면적인 검토가 필요하다. 예를 들어, 나이와 성별을 기준으로 한 차별은 하루 이틀의 문제가 아니었고 장애인의 성찬 참여에 대한 논의는 최근에 와서 본격적으로 다루기 시작했다. 사회적인 법이 강제성을 갖게 된 후에야 교회는 예배당에 비로소 엘리베이터를 설치하기 시작했고, 장애인의 출입을 위해 계단이 아닌 램프를 설치하는 것도 교회가 솔선하여 실천했다기보다는 규정 법안에 맞추기 위해 취해졌다. 이렇게 예배 안에서 차별을 없애려는 노력이 이루어져야 한다. 공간의 사용과 같은 구체적인 부분에서 환대의 가치를 실현해야 할 것이다.

영적인 삶(spiritual life)은 루이 부이에(Louis Bouyer)가 말한 대로 단순히 의례를 수행하는 종교적인 삶(religious life)이나 내면이 성숙한 삶(interior life)이 아니다. 영적인 삶은 종교성과 내적 성숙을 동시에 갖추면서 그것을 뛰어넘는 수준이어야 한다.[71]

예배 행위와 내면의 변화, 그리고 일상에서의 삶의 방식과 내용 사이의 선순환이 이루어져야 한다는 의미다. 믿음과 기도와 일상은 다음과 같이 서로 화답하는 모습이어야 할 것이다.

로마서 12장 1-2절의 말씀처럼 우리 몸을 산 제사로 드리는 것이 바람직한(right) 예배다. 삶의 모든 국면과 일상의 모든 경험에서 예배자의 거룩한 고백이 정확하게 번역되어 나타나야 한다. 기독교인의 구별된 윤리와 그에 따른 긍정적인 평판이 초기 교회의 정착과 선교에 막대한 영향을 끼쳤음을 주목해 보자. 이재철 목사는 교회(예배)가 주차장이 아니라 주유소라는 흥미로운 비유를 한 바 있다. 교회를 통해 얻는 안식과 평안은 필요하되, 세상과 괴리된 교회와 성도가 되어서는 안된다는 이야기다. 예배에서 주님의 은혜를 만끽하는 것은 중요하다. 진정한 예배는 성도로서의 거룩하고 신실한 삶을 포괄한다. 당연한 이야기이지만 교회와 예배와 일상이 어떻게 밀접한 관계를 구축할지가 현재와 미래의 교회가 안고 있는 중요한 과제다.

2. 예배 형식과 내용에 대한 제언

전통인가 현대인가?

Z세대 기독교인들은 '전통적 예배형식의 변화'(17.6%), '소그룹 모임의 확대'(12.3%), '온라인의 적극적 활용'(9.2%) 등을 교회에 기대한다고 응답했다.[72]

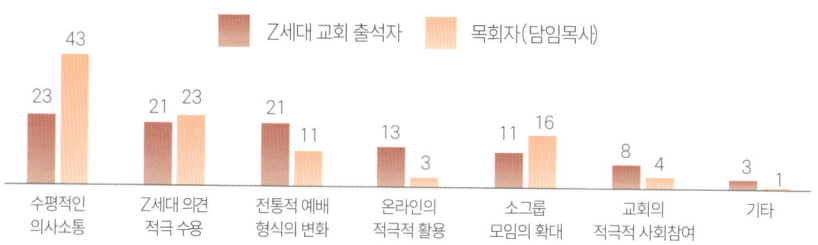

[그림] Z세대 포용을 위한 교회의 중점 사항(%)

출처: 지용근 외, 《한국교회트렌드 2025》, 201

　　　Z세대는 일반적으로 현대 예배를 선호한다. 문제는 과연 Z세대가 전통 예배에 대해 바르게 이해하고 있느냐이다. 일반적으로 전통 예배와 현대 예배를 나누는 기준은 대단히 단순하다. 기존에 드려왔던 방식, 즉 입례, 사도신경, 기도, 찬송, 설교, 축도 등 약간의 형식을 갖춘 예배를 통상 전통예배로 이해한다. 즉 Z세대를 포함하여 한국의 기독교인들이 이해하는 전통 예배는 교회 역사를 통해 계승된 예전적인 예배라기보다는, 한국에 온 초기 선교사들에 의해 전해진 비예전적 예배에 전통적인 요소가 가미된 것이다. 다시 말하면 한국의 기독교인들이 일반적으로 아는 전통적인 예배는 미국의 개척자 예배에 전통적인 악기와 찬송가를 사용하며, 사도신경과 같은 순서를 포함시켜 비교적 엄숙한 분위기에서 드리는 예배를 통칭한다.

　　　반면 현대예배는 구도자 예배의 영향을 받아서 비형식적인 틀에 현대적인 악기와 음악(CCM), 그리고 드라마적 요소가 가미된 예배라고 볼 수 있을 것이다. 이렇듯 일반적으로 전통예배와 현대예배를 나누는 것은 일종의 과대단순화라고 평가해도 과언이 아니다. 다양한 예배들 가운데 지극히 일부분에 해당하는 단 두 가지의 예배 형태로 분류하는 것도 문제이고, 그러한 한계를 인지하지 않은 채 예배에 대한 의견을 묻고 통계로 수치화하는 것은 더욱 심각한 오해를 불러일으킬 수 있다. 몇 가지 분석의 결과를 다음과 같이 요약하며 조언을 제시한다. 형식적인 구분도 중요하지만 예배의 분위기와 내용에 있어서 한국 개신교는 몇 가지 특징을 가지고 있다. 그것은 회심과 열심과 교회 간의 유사성이라고 요약할 수 있을 것이다.[73]

1. 기독교 예전의 유구한 역사와 전통이 품고 있는 신앙의 유산에 대해 바르게 이해해야 한다. 현재 한국교회에서 드리는 전통 예배는 많은 경우 선교사들이 전해준 예배의 형식에서 크게 다르지 않다. 한국교회 초기의 예배는 엄밀한 의미에서 기독교 예배의 전통을 담은 예전적 예배라고 평가하기 힘들고 오히려 비예전적인 경향이 강하다. 한국교회는 여전히 예전적 전통에 대한 학습이 부족하다. 한국에는 대표적인 예전적 교단으로 알려진 성공회와 루터교회의 숫자가 적고, 풍부한 내용을 담은 예배서의 출판도 그리 오래되지 않았다. 그나마 적극적으로 활용하는 교회도 많지 않다. 이런 상황에서 전통예배와 현대예배에 대한 선호도를 조사하는 것은 사실 객관적인 결과를 도출하기 어려운 통계의 한계를 드러내는 일이다. 즉 기독교 예배 전통의 가치와 현대예배가 지니고 있는 장점과 한계에 대한 이해, 나아가 개신교 예배의 다양성에 대한 이해가

선행되어야 한다.

2. 예전적인 예배에 대한 젊은 세대의 높은 관심을 눈여겨 보고 그 활용 방안을 모색해야 한다. Z세대의 가톨릭에 대한 선호와 관심, 기독교 영성에 대한 긍정적인 탐구를 주시해야 한다. 이는 많은 젊은이들이 비예전적 예배가 충족시켜 주지 못하는 기독교 예전과 영성에 대한 갈증에서 기인한 것이다. 예배의 전통이 갖는 힘은 지대하다. 초기교회의 찬양과 기도는 당시 기독교인들의 소박한 고백으로부터 시작되었다. 삼위일체 하나님에 대한 감사와 찬양과 믿음이 자연스럽게 예배에 담기게 되고 점차 예배에서 사용한 내용들이 정리의 과정을 통해 교회의 정통 교리로 자리잡게 된다. 기도의 규칙(lex orandi)이 신앙의 규칙(lex credendi)이 된 것이다. 그러므로 예배의 전통을 계승한다는 것은 추상적인 개념을 학습하거나 과거에 사용한 예배의 요소를 답습하는 것이 아니다. 믿음의 선조들이 경험한 계시와 응답의 축복에 참여하는 거룩하고 신비로운 영적 순례를 하는 것이다. 그들 고백의 숨결을 느끼고 그 거룩한 호흡을 함께 하는 소중한 경험이다.

기독교 예배의 전통에 대해, 혹은 구체적인 순서에 대해 우호적으로 변화하고 있음이 최근 여러 통계에서 발견된다. 한 예로, 최근의 여론조사에서 영적으로 도움이 되는 예배순서로 찬양(33%)에 이어 참회기도(14%)를 선택하였다.[74] 참회기도가 한국교회에 도입된 지 그리 오래되지 않았고, 실제로 사용하는 교회의 숫자가 적다는 사실을 감안하면 이는 대단히 유의미한 결과다. 성도들은 예배의 경건성을 여전히 중요하게 여기고 있다는 것과, 개인적인 회개와 공동체적 고백이 공존하는 참회기도의 순서가 갖고 있는 영적 의미에 동의하고 있음을 증명한다. 전통적이라고 반드시 지루하고 비효과적이라는 편견을 버리고, 전통적인 요소를 예배에서 더욱 적극적이고 효과적으로 선용할 수 있도록 노력해야겠다.

3. 예배가 영성을 형성하며 영성의 보고(寶庫)라는 사실을 인식하고 예배에서 사용하는 내용과 표현에 각별히 유의해야 한다. 예배는 다양한 공동체적인 의례의 요소를 통해 주님의 사랑과 은혜를 "기억"하게 하고 성도의 영적인 변화와 성장을 촉진한다. 예배자는 예배에서 사용되는 순서와 언어와 상징을 통해 그리스도를 닮기 위한 방법을 배우고 익히며 습관으로 만들어 간다. 의식하건 그렇지 않건 예배는 의례의 기능을 수행하며 이러한 과정은 관념이나 명제의 체계로 해석이 불가능하다. 이미 예배에서 이루어지는 행위 속에 의미가 담겨 있고, 예배자들은 예배에 참여하여 실천함으로써 체득하고 체화하게 된다. 예배는 우리를 육화하고 신체 구조를 재배열하며 우리의 습관을 바꾸는 역동성을 제공해준다. 예배에서 이루어지는 모든 '습관'들은 기독교인들에게 있어서 삶의 양식과 행동 방식을 형성하는 지대한 역할을 하는 것이다. 공동체적으로 형성되는 의식과 습관을 아비투스(habitus)라고 부른다.[75] 젊은 시절에 거룩한 습관을 형성하는 것은 평생 긍정적인 영향을 준다는 사실을 기억해야겠다. 우리의 예배를 돌아보며 과연 예배순서와 표현 방식이 우리의 영성에 도움을 주고 고양시키는지 살펴보아야 할 것이다.

4. 전통을 존중하고 계승하는 것과 초대교회 문서에 대해 지나치게 의존하거나

규범화하는 것은 위험하다. 기독교 예배는 절대적인 규범을 추구하지 않으며 초기 기독교의 예배를 연구하는 목적은 통일된 하나의 예배 형식을 만드는 것이 아니다. 제프리 웨인라이트(Geoffrey Wainwright)는 예배에서 전통적인 예전이 갖는 가치와 기능을 강조하면서도 그것이 인위적이고 도구적으로 사용되는 것을 경계한 바 있다. 오늘날 그리스도인들에게 '살아있는 예전'이 되기 위해서는 현장화, 상황화의 노력이 요구된다.[76] 한국 개신교회의 주요 교단에서 만든 예배예식서나 예배와 관련된 자료들도 이런 시각에서 바라볼 필요가 있다. Z세대에게 친화적일 수 있도록 꼼꼼하게 살펴서 수정 보완하여 사용하기를 권장한다. 초대교회의 예전에 대한 지나친 기대나 의존에서 벗어나, 전통에 도도히 흐르는 예배의 정신을 계승하면서 우리의 삶과 기도와 고백이 살아있는 예배를 지향해야 한다. 예를 들면 정확한 의미의 파악도 어렵고 예배에서 사용하기에 용이하지도 않은 구어체의 오래된 기도문이나 예문을 사용하기 보다, 일상에서 사용하는 '보통의 언어'로 만들어 성찬식을 하면 어떨까? 오늘을 살아가는 성도들이 직면한 문제와 고민을 예배의 자리로 가지고 와서 예배에서 실제적으로 다루면 어떨까?

5. 현대예배의 공헌은 구도자에 대한 배려와 우리 삶의 문제를 예배의 현장으로 가지고 온 것이다. 그리고 멀티미디어의 적극적인 활용을 통해 문화를 선용했다는 것이다. 예배의 본질을 추구하면서 이러한 공헌을 지속해갈 수 있다면 현대예배는 Z세대에게 분명히 설득력이 있다. 이미 윌로우크릭교회(Willow Creek Community Church)는 성도들의 삶과 괴리된 예배와

설교의 한계를 설문조사를 통해 확인하고, 예배와 설교에서 이 문제를 풀어내기 위해 지속적인 노력을 경주해왔다. 예배가 공연화되었다는 평가와 소비자 지향적이라는 비판이 있다. 하지만 성도들의 삶의 정황을 예배에 녹여내기 위해 노력한 것은 긍정적으로 평가해야 할 것이다. 이러한 배려와 환대의 정신을 오늘의 예배에서 살려내려는 시도가 이어져야 한다는 것이다. 특별히 Z세대가 안고 있는 문제들을 예배와 설교에서 복음적으로 해석하고 적용하도록 지속적인 노력이 필요하다.

결론적으로 현대예배를 선호한다 하여 무조건 예전적인 예배를 배척한다고 성급하게 결론 내리지 말아야 한다. 예배가 기독교 영성에 끼치는 막대한 영향을 고려한다면 예배를 신실하게 다듬는 것은 어쩌면 당연한 일이다. 의례의 습관화와 그 영향력을 주목하여 신중하게 예배를 만들고 드려야 한다. 예전을 중시하는 교회 전통을 기준으로 삼자는 이야기가 아니다. 특정한 예전의 절대화는 수많은 다양한 전통들이 가지고 있는 아름다운 요소들을 놓치게 하고, 현실을 무시하는 피상적인 답습은 실효성이 부족하다. 반면 현대적인 예배는 기독교의 유구한 역사를 통해 계승된 전통에 대해 열린 마음을 가져야 한다. 예전적인 예배는 예전을 통해, 형식미와 나름의 영성을 통해 얼마든지 Z세대에 설득력을 가질 수 있으며, 현대적인 예배는 문화친화적 특성과 유연성과 환대의 정신으로 Z세대에게 공감을 불러일으킨다. 따라서 예배의 형식을 이분법적으로 나누어 이해하는 한계를 벗어나야 한다.

Z세대에게 어울리는 유일무이한 예배 형식은 존재하지 않는다. 예배와 관련된 다양한 필요가 있고 다양한 입장이 존재한다. 교회는 그러한 다양성에 민감해야 하고 수용하는 용기를 가져야 한다. Z세대는 예배의 형식이나 전통 자체보다 타성에 젖은, 형식적이고 권위적인 예배에 대해 반감을 가진 것이다. 복음에 입각하여 예배의 본질적 요소를 지키되, 비본질적 요소에 대해서는 유연성을 가지고 접근하는, 아디아포라(adiaphora 아무래도 좋은)의 자세가 요구된다.

온라인과 현장예배

메타버스의 필요성에 대한 응답이 높은 것과 온라인의 사용에 대한 모호한 입장의 표명은 눈여겨 볼 부분이다. Z세대 기독교인들은 디지털 문화를 교회의 사역과 예배에 사용하는 것에 대해 우호적이면서도 신중한 접근이 필요하다는 인식을 공유한다고 짐작할 수 있겠다. 인터넷 기반의 삶은 이제 피할 수 없는 대세가 되었다. 이 부분은 새로운 사실이라고 할 것도 없다. 사회와 일상의 전반에서 나타난다. 설문조사에서도 유튜브와 SNS에 대한 강한 흥미와 의존을 어렵지 않게 발견할 수 있다. 물론 개인주의적 경향에 따라 건강이나 취업과 같은 개인적인 사안에 대한 관심이 늘어가고 있는데 이는 성도들의 다양한 요구를 어떻게 예배에 반영할 수 있느냐는 또 다른 과제를 만들어 낸다.[77]

Z세대 기독교인들은 '전통적 예배형식의 변화'(17.6%), '소그룹 모임의 확대'(12.3%), '온라인의 적극적 활용'(9.2%) 등을 교회에 기대한다

고 응답했다.[78] Z세대에게 개인예배와 공동예배, 현장 예배와 비대면 예배 사이의 경계가 느슨하다. 온라인과 현장예배에 대한 설문조사에서 Z세대 성도들은 여전히 오프라인을 선호하지만(50.2%), 온라인을 선호하는 비율(18.2%)도 만만치 않고 둘 다 괜찮다는 응답이 31.1%에 이른다.[79] 이제 개인예배 혹은 온라인예배를 교회의 사역에서 포용하는 것은 보편화된 현상이 되었다.

이러한 현실을 감안할 때 현장에서의 공동예배를 절대화하거나 개인예배와 공동예배를 지나치게 이분법적으로 해석할 필요는 없다고 본다. 물론 전통적인 교회와 예배의 정의는 곧 개인적 헌신 행위와는 구별되는 공동체성의 확보에 집중한다.[80] 하나님과의 만남과 사람들과의 교제를 위해 특정한 시간과 장소를 갖는 것은 매우 자연스럽고 당연한 것으로 받아들여졌다. 그러나 지금까지 이렇게 가시적 조건에 집중되어온 공동체성에 대한 정의가 변화하고 있다. 교회에 참석하는 횟수보다 오히려 일상에서의 거룩하고 신실한 삶을 강조하는 추세에 디지털미디어의 발전이 개인적인 예배의 가치와 활용에 대한 관심을 심화시켰다. 예배와 일상을 연결시키려는 시도, 하나님이 자기의 주되심을 일상에서 구현해야 한다는 성례전적인 예배를 이해해야한다. 오히려 개인예배와 비대면 예배의 순기능도 발견할 수 있다. 다음과 같이 조언을 드린다.

1. 공동예배의 중요성을 유지하면서 공동예배의 숫자보다 "공동체성"을 가지고 있어야 한다. 개인예배가 결여할 수 있는 '공동체 의식'의 함양을 위해 노

력하라. Z세대는 특별히 소속감과 공유된 경험을 갈망한다. 예배 전후에 소그룹을 통한 모임을 활용한다거나 공동의 식사를 나누는 방식도 고려할 만하다. 최근 디너 처치(Dinner Church)에 대한 Z세대의 관심이 늘어나고 있다. 이러한 일련의 변화는 바로 먹고 마시고 이야기를 나누는 일상의 경험이 예배공동체에 반드시 필요하다는 의견이다.[81] 교회는 모름지기 운명공동체이며 일상공동체다. 서로의 삶을 나누는 기회를 통해 개인과 공동체가 유기적으로 만나는 것은 당연한 일이다. 비대면 예배가 갖는 공동체성의 결여에 대한 우려가 있다. 이에 대한 해결 방안이 필요하다. 예를 들면 비대면 예배를 소그룹의 형성 등 교회의 사역과 연결시켜야 한다. 그리고 일상에서의 실천과 만날 수 있도록 준비해야 할 것이다. 비대면 예배가 공동예배를 온전히 대신할 수 없다면, 어떻게 적용하며 공동체적인 기능을 가질 수 있을지 연구해야 한다.

2. 디지털 미디어가 가지고 있는 잠재적인 가능성에 주목해야 한다. 디지털 미디어를 적극적으로 교회의 예배와 사역에서 활용할 수 있도록 한다. 교회는 소위 자유, 협업, 관계 등을 중요시하는 디지털 네이티브의 성향을 주시해야 한다. 그들의 언어와 문화, 그리고 소통방식에 대해 이해하고 긍정적으로 접근하는 것이 필요하다. 디지털 네이티브는 디지털 모바일세대를 일컫는 표현으로 관련 책을 참고할 필요가 있다.[82] 디지털 공간이 Z세대의 자연스러운 일상 공간이며 환경이기 때문이다. 여건이 허락한다면 좋은 오디오/비디오 품질로 예배를 스트리밍하거나 녹화하는 것을 추천한다. 나아가 소셜 미디어를 통해 주간에 교우들과 소통하는 것도 좋다. 물론

교우들이 적극적으로, 편하고 쉽게 참여할 수 있는 플랫폼의 확보와 효과적인 운용이 요구된다.

3. 실제적인 만남의 사귐과 교제가 요청된다. 스마트폰 화면에서의 간접적인 만남보다는 하나님과의 깊은 사귐을 머금은 대면과 교제가 바람직하다. 즉 디지털 문화를 선용하되 보조적 수단으로 사용하기를 권고한다. 디지털 미디어가 오히려 청년들의 소외를 심화시키는 부작용이 있음도 인지해야한다. 스마트폰 화면에서의 제한적인 만남보다는 정해진 시간과 공간에서 드리는 예배가 영성의 고양에 효과적이다. 이는 이웃과의 만남에서도 동일하게 적용된다.

문화랑은 하나님과 사람과의 교제를 통해 진정한 인간성이 회복된다는 이오아니스 지지울라스(John Zizioulas)의 의견을 인용하면서 관계를 기초로 한 공예배의 가치를 논했다.[83] 이 주제와 관련하여 소그룹의 중요성을 언급하지 않을 수 없다. 코로나19 팬데믹을 겪으며 성도들이 함께 모이기 힘들었다. 이 때 교회의 공동체성을 유지하는 가장 효과적인 수단은 소그룹 모임이었다. 만남과 소통을 통해 공동체의 예배는 영적 추진력을 얻게 되었다. 이러한 공동체의 예배는 성도로서의 삶을 실천하는 기회를 갖게 된다. 온라인과 현장예배를 아우르는 기술적인 포용의 자세와 실천도 중요하다. 하지만 성도의 교제는 교회의 근간을 이루는 중요한 덕목이다. Z세대는 소그룹의 확대를 교회에 기대한다(12.3%). 개인과 공동체가 소그룹을 통해 예배의 감격과 기쁨, 은혜와 도전을 유기적으로 공유하도록 하자.

4. 디지털 격차의 극복을 위한 목회적 관심과 돌봄이 요구된다. 온라인 예배의 가장 큰 장애물은 디지털 격차이다. 정보 공유에 있어서 심각한 수준의 부익부 빈익빈을 낳고 있다. 이러한 현상은 더욱 심해질 것이다. 왜냐하면 온라인 예배가 불가피하게 소비자 지향적 예배가 될 가능성이 높기 때문이다. 미디어 리터러시(Media literacy)[84]도 이미 중요한 현상이 되었다. 결국 기술과 자본을 보유한 교회가 더 쉽게 적응한다. 많은 소형교회들이 온라인 예배의 준비와 송출에 어려움을 겪기도 했다. 열악한 상황에 놓인 교회들을 위해 단기간의 재정적 지원과 네트워크의 활성화가 필요하다. 이러한 불균형은 예배와 성도들의 삶에서 더욱 두드러지게 나타난다. 따라서 디지털 정보격차로 인해 발생하는 여러 가지 소외의 가능성을 목양적 시각에서 돌보아야 한다. 사이버 공간에서의 불평등의 해소가 새로운 과제로 제기되었다. 디지털 격차의 문제뿐만 아니라 사이버 공간의 정보 상점의 개설권을 가졌거나 인터넷 정보 고속도로망의 순찰권을 가진 이들이 갖는 독점적인 권력의 문제를 해소해야 한다.[85]

5. 1인 가구의 증가와 개인화를 주목해야 한다. 1인 가구는 교회로부터 멀어질 확률이 높고 교회의 모임에 참여하는 비율이 낮다. 이러한 경향은 Z세대에게 더욱 분명하게 발견된다. 그들을 환대하고 배려하며 목회적인 도움을 줄 수 있는 방안을 만들어 보자.[86]

예배의 민주화

Z세대가 교회에 대해 실망하는 이유는 비민주적이고 권위적인 의사

결정 과정과 깊이 관련되어 있다. Z세대가 교회에 대해 부정적인 인식을 갖게 하는 요소 중에서 2위부터 5위까지의 응답, 즉 '형식에 얽매이는 모습'(14.3%), '일방적 소통, 훈계'(13.7%), '꼰대같은 모습'(8.9%), '과거의 자기를 기준으로 이야기할 때'(4.7%) 등의 내용은 기성세대의 권위주의적, 일방적인 자세에 대한 비판을 반영한다. 이는 교회에 대한 Z세대의 기대를 묻는 질문에서 유사한 현상이 발견된다. 교회가 Z세대의 의견을 적극적으로 수용해야 한다는 응답이 20.4%로 가장 높다. 2위 역시 '수평적인 의사소통'으로 20.1%에 이른다. 이어 '교회의 적극적인 사회참여'(19.5%), '전통적 예배형식의 변화'(17.6%), '소그룹 모임의 확대'(12.3%), '온라인의 적극적 활용'(9.2%) 등을 교회에 기대한다고 응답했다.[87]

    Z세대 기독교인들은 형식에 얽매이는 모습에 실망한다. 이것은 기성세대의 교회 생활 경직성에 대한 날카로운 비판이다. 나아가 수평적인 의사소통에 대한 강한 기대는 교회의 의사소통 방식이 대단히 일방적이며 권위적이라는 사실을 반증한다. 그들의 의견을 통해 성도들의 삶이 기독교의 본질에 충실하기 보다 대단히 위선적이라고 평가하고 있음을 알 수 있다. 교회의 운영이 비민주적으로 이루어지고 있음을 미루어 짐작할 수 있다. 이러한 과제들을 해결하기 위해 다음과 같은 이야기들을 나눌 수 있을 것이다.

    1. 디지털 문화를 민주화의 플랫폼으로 활용하라. 디지털 미디어의 확대로 사이버 공간이라는 새로운 개념의 장소를 활용할 수 있게 되었다. 사이

버 공간은 그동안 차별 혹은 구별을 위해 존재했던 위계적 구조를 발견할 수 없는 평등한 곳이다. 높이 혹은 면적으로 구분되는 가시적 공간 구분이 아닌 참여자 모두에게 시간과 공간의 공평한 분배가 가능해졌다. 예를 들어 줌(Zoom) 미팅은 다수의 참여자들이 동일한 면적의 화면을 통해 소통하게 했다. 온라인상에서 자연스럽게 공간의 민주화가 이루어진 것이다. 탈중앙적, 탈권위적 소통방식이 정착하고 있음은 분명 긍정적이고 고무적인 현상이다. 개인적으로 디지털 미디어의 사용이 가져온 예기치 않은 순기능이라고 평가한다. 교회가 이러한 장점을 마다할 이유가 없다. 교회 사역 전반에서 선용하는 지혜가 필요하다.

2. 예배순서에 있어서 젊은이들이 평등하게 참여할 수 있도록 해야한다. 흥미로운 것은 비기독교인들이 목회자에 대한 맹목적 의존을 성도들의 문제점으로 제기했다는 점이다. 그 비율이 상당히 높다(23%). 목회자가 예배의 준비와 집례에 있어서 독점하고 있는 현상이다. 전문사역자와 임직자(교회 직분자)를 중심으로 한 예배의 준비와 진행은 자칫 교회 공동체 전체의 참여를 저해할 수 있다. 그리고 수평적인 시대의 요구에도 부합하지 않는다. 교회의 사역에 되도록 많은 성도가 평등하게 참여하도록 해야 한다. 예배와 예배의 준비에서도 되도록 다양한 이들이 참여하도록 배려해야한다. 지속적인 관심과 실천이 필요한 부분이다. 최근 청년교회의 등장이 주목받고 있다. 이는 나이를 기준으로 예배순서를 맡기는 전형적이고 전통적인 방식에 신선한 안목을 제공한다.

한국교회에만 존재하는 장로 중심의 대표기도 순서도 검토할 필요가 있겠다. 본래 목사가 드리는 목양기도(Pastoral Prayer)나 설교 전 성령 조명의 기도(Prayer of Illumination)가 한국교회의 예배에서 사라지고 장로의 대표 기도가 자리 잡았다. 이제 긍정적인 태도로 이 순서와 담당자에 대한 새로운 시도가 필요하다. 만약 이 전통을 지키고 싶다면 기도의 시간과 내용에 대한 신학적, 목회적, 예전적 검토가 반드시 필요하다.

이제 지금까지의 논의를 정리해보자. 예배에 성도들이 적극적으로 참여할 수 있도록 독려하고 배려하는 방식으로 예배를 창조하라. Z세대는 수동적인 관찰보다 적극적인 참여를 선호한다. 대표자에 의해 이루어지는 일방적인 기도보다 교독 혹은 교송을 통해 직접 읽고 노래하도록 배려하라. 이머징 교회에서 시도하는 기도 스테이션을 활용하라. 기도 카드를 작성하여 십자가와 벽에 붙이는 등, 다양한 방식으로 예배에 참여할 수 있도록 준비하라. 변화를 두려워하지 말고 과감하게 결단하고 실천하라.

3. Z세대에 적합한, 민주적인 의사결정을 위한 시스템의 정착이 필요하다. 디지털 미디어 시대가 요구하는 새로운 목회 환경에서의 새로운 리더십에 대한 성찰이 요구된다. 여전히 예배는 목회자의 독점적인 영역이라는 이해가 보편적이다. 소수에 편중된 결정권은 예배의 다양성과 회중의 적극적인 참여를 방해하는 요소다. 전문사역자와 평신도 사이의 대화의 부재, 신학대학원에서의 배움과 현장에서의 적용 사이의 불일치는 결국 목회자 중심의 예배와 목회에 있다. 예배위원회와 같은 민주적인 의사결정 기구를 통해 예배의 내용과 순서를 정해야 한다. 설문조사를 통해 드러

난 사실은 목회자와 성도간의 소통의 결여다. 예배는 목회자의 개인적인 성향의 반영이 아닌 성경적인 원칙에 서서 공동체의 필요와 요구를 민감하게 적용해야 한다. 그리고 예배에 복음적 경건성과 진정성을 유지해야 한다. 민주적인 의사결정과 성도들의 적극적인 참여가 요구된다. 목회는 개인의 소명이 아니다. 이것은 공동체에 부여된 공적인 소명이다. 온 성도가 함께 참여하는 '동역'의 가치가 있다.

4. 예배순서와 내용을 세밀하게 검토하여 Z세대가 원하는 탈권위적 예배를 만들어라. Z세대는 마음에 다가오지 않는 이론적인 기대나 목표보다 쉽게 공감하고 경험할 수 있는 것을 선호한다. 포장된 광고보다 오히려 개인적인 증언이 더욱 효과적이다. 권위적인 선포보다 오히려 진솔한 나눔에서 깊은 감동을 경험한다. 예배의 순서를 담당하는 이들이 신실한 자세와 고백적 언어로 수행할 때 Z세대에게 더 설득력을 얻게 된다. 가르치기보다 나눈다는 마음으로, 권위로 훈계하거나 명령하기보다 겸손하고 진실한 공감을 통해 예배의 자리로 초대하라. Z세대는 진정성과 배려와 환대를 원한다.

5. Z세대에 어울리는 공간의 민주화에도 관심을 가져라. 이는 시대적인 흐름에서 디지털 미디어의 보급과 무관치 않다. 디지털 공간에서의 평등한 소통방식과 위치에 따른 차별이 존재하지 않는 방식이 시대의 대세로 여겨지면서 탈중앙적, 탈권위적 소통방식이 확대되고 있다. 이러한 변화의 흐름은 실제 물리적인 공간에서의 민주화에 촉매제가 될 가능성이 매우 높다. Z세대에서 발견되는 권위에 대한 반감의 해소를 위해서 공간의

민주화는 진지하게 고민해보자. 우선 강단의 높이와 크기를 줄이는 등 쉬운 일부터 시작하기를 권고한다.

나아가 지금까지 독점적인 지위를 전제하고 이루어진 폐쇄적인 공간 사용, 즉 특정 주체가 교회 내의 공간을 사적으로 점유하는 일도 지양해야 한다. 과거에는 일부 모임의 독점적인 사용을 당연시했다. 하지만 예약을 통해 누구나 편하고 자유롭게 공간을 사용하도록, 사용 규정을 바꾼 교회가 늘어나고 있다. 이는 매우 고무적인 일이다. 교회를 다목적 복합공간으로 사용하고 개방과 공유를 통해 새로운 시대의 Z세대에게, 그리고 비신자를 위한 공간을 만들어 보자.

전형적인 교회의 평면은 위계적인 분리가 있는 **종축형**(세로로 긴 평면 구조를 의미함. 대부분의 교회들이 세로로 긴 직사각형 모양)이다. 이 문제를 해결하기 위한 실제적인 노력도 다양한 방식으로 이루어지고 있다. 몇몇 교회에서 강단의 높이를 낮게 하거나 강단에 있던 좌석을 없애는 노력을 기울였다. 성남에 소재한 광현교회나 서산의 좋은교회와 같은 경우에는 아예 성도들이 서로 볼 수 있도록 ㄷ자로 구성된 회중석을 사용한다. 이것은 공간의 민주화를 가시적으로 구현한 것이다. 예배에 참석하는 회중을 위해 수평적 관계를 보여주는 좋은 사례이다.

다양한 예배 경험의 제공

'다양성'은 Z세대의 특징을 나타내는 단어다. Z세대는 획일화된 문화, 권위적인 규범을 부정한다. 개인의 개성을 중시하며 다양한 문화를 인정하고 포용하려는 경향을 보인다. 이는 개신교회의 정신과 일맥상통한다. 일찍이 종교개혁가들은 가톨릭의 일원화된 권위적 조직과 신학적 획일성을 비판하며 각기 다양한 견해를 견지하였다. 이후 개신교의 예배는 교단과 교회의 철학에 따라 다양한 방식으로 분화되고 발전되었다.

제임스 화이트(James F. White)는 개신교 예배의 다양성을 장려해야 한다고 주장한다.[88] 기독교 예배는 불변적 요소와 가변적 요소로 구성되어 있다. 예배의 본질에 대한 계승과 더불어 문화와 역사의 다양성 사이에 균형을 유지하는 것이 매우 중요하다. 예배의 본질적 요소와 행위들에는 무엇이 있을까? 아마도 성경, 세례, 성찬, 중보기도, 그리고 종말적 모임(교제)이 가장 보편적인 공통분모일 것이다.[89]

예를 들어 성경은 모든 교회가 예배에서 다양한 방식으로 사용하고 있다. 세례나 성찬 역시 교단이나 교회의 선택에 따라 그 형식이 다르다. 화이트는 기독교 예배에서 드러나는 문화적, 민족적 다양성이 "하나님이 인간에게 주신 선물"이라고 표현한다.[90] 그는 예배에서의 보편성과 일관성을 존중한다. 문화적으로 표현하는 방식들의 다양성과 이러한 다양성을 추구하고 독려하는 일은 더욱 발전하고 있다.[91] 이러한 다양성의 구현은 존중과 배려로부터 시작된다. 예배공동체 사이의 상호 존중을 통한 대화와 교류의 관계를 다음과 같이 고려해야 한다.

서구 기독교에서 지배적으로 나타났던, 일부 교회가 신앙의 내용을 '주고' 다른 교회는 '받는' 전통적 기독교 확장 이야기는 진정으로 긍정적인 상호 참여로 바꾸어야 한다. 이러한 참여는 단순히 전 세계의 다양한 관행을 열정적으로 수용하도록 허용하는 것 이상이다. 여기에 예배신학자(Don E. Saliers)가 주장한 것처럼, 교회는 예수 그리스도의 구원에 비추어 예배공동체의 사회문화적 환경을 비판적으로 수용해야 한다.[92]

제임스 화이트는 종교개혁 이후 개신교회의 예배가 교단별로 다양한 모습으로 발전되어 왔음을 강조하였다. 그는 교단의 예배신학과 교회 공동체의 영성이 예배 속에서 어떻게 적용되는지를 염두에 두었다. 미국 개신교회의 예배 전통을 다섯 가지의 영성을 기준으로 다음과 같이 분류하였다. 그것은 '예전적 영성'(Sacramental Spirituality), '말씀 중심의 영성'(Word-centered Spirituality), '성령 중심의 영성'(Spirit-centered Spirituality), '공동체 중심의 영성'(Community-centered Spirituality), 그리고 '음악적 영성'(Musical Spirituality)이다.[93]

레스터 루스(Lester Ruth)는 개신교 예배에서 '말씀, 성찬, 음악' 중 하나가 중심을 이루고 있다고 분류하였다.[94] 예배를 만들고 드리는 방식과 내용은 예배공동체의 선택에 달려 있다. 제각기 선호하는 영성 형성의 방식에 따라 다양한 입장을 견지하고 있다. 예배를 통해 이루어지는 영적인 경험과 성장은 다양한 경로와 방법을 통해 이루어진다는 사실을 발견한다. 다른 전통을 존중하고 서로 배워야 할 이유가 여기에 있다. 급변하는 환경 속에서 예배는 그 고유한 정체성을 유지하면서도 형식과 내용에 있어서 창의적으로 변화하고 적응해야 한다. 따라서 다른 공동체의 예배를 무비판적으로 따라하거나 무조건적으로 경시하는 것은 바람직하지 않다.

한국 교회의 예배는 몇몇 특정 교단과 교회를 제외하고 대단히 유사하다. 예배가 대동소이하다는 사실은 다양한 예배에 대한 다양한 경험이 부족하다는 의미이다. 미국의 개신교 예배가 한국교회에 거의 계승되고 유지되고 있다. 멀리는 비예전적인 개척자 예배(Frontier Service)의 영향부터 최근의 '구도자 예배'에 이르기까지 미국 개신교회의 영향이 지대하다. 다양한 예배에 대한 경험이 부족하다 보니 예배의 순서와 내용에 있어서 기존의 예배와 다르면 거부감을 느끼는 경우가 많다. 여전히 한국교회에서 기존의 순서를 조금이라도 벗어난 예배는 색안경을 끼고 본다. 다양한 예배의 전통들이 공존하는 것이 개신교 예배의 특징이다. 그럼에도 불구하고 개신교 교회는 다양한 예배를 시도하기에 힘든 토양이다. 예를 들면 현재 많은 교회들이 사용하고 있는 떼제공동체의 찬양이나 예배 형식도 도입 초창기에 많은 논란이 있었다. 침묵의 시간이나 참회의 기도를 드리는 교회가 지금은 많이 보급되었다. 하지만 과거에는 이에 대한 반감도 많았다. 긍정적인 것은 수십 년 동안 다양한 시도들이 이루어지고 있다는 점이다. 다른 것에 대한 반감도 감소 추세에 있다는 사실이다. 현대예배에 대한 반감도 초창기에는 극심했으나 그런 예배의 보급이 급속도로 이루어지면서 보편적인 관심의 대상이 되었다. 점차 우호적으로 변화했다. 다른 형식이 공존하는 블렌디드 예배(blended worship)가 널리 보급되었다.

　구체적으로 제언하면 새로운 형식의 예배를 드리는 공동체에 대한 수용과 환대를 위해 예배의 형식에 대한 이해가 필요하다. 또한 영성을 형성하는 방식의 다양성을 이해해야 한다. 예를 들어 성령은 다양한 방식으로 우리와 소통한다. 조용히 말씀을 읽을 때, 침묵 가운데, 찬양을 가만히 읊조릴 때 성령을 경험한다. 설교 중에 말씀의 증언이 뜨겁게 이루어질 때, 부르짖으며 기도할 때, 기뻐 뛰며 찬양할 때도 성령은 역사한다. 특정 사례가 절대적인 기준이 될 수는 없다.

　어떤 형식의 예배를 드리는 것보다 어떻게 준비하고 드리느냐가 더 중요하다. 예를 들어 현대예배의 경우 내용과 형식에 있어서 예배마다 대동소이하다. 현대예배를 성공적으로 정착시킨 교회들의 경우 그 긍정적인 결과의 원인에는 활용 가능한 자원이 풍성한 이유도 있다. 그리고 예배의 탁월한 준비와 실천에도 기인한다. 단순히 높은 음악적 수준과 같은 것을 의미하는 것이 아니다. 예배라는 주제를 다루는 자세의 진지함이나 진행 과정에서 꼼꼼하게 점검하고 임무를 수행하는 탁월함이 중요하다.

　특정한 예전의 절대화는 수많은 다양한 전통들이 가지고 있는 아름다운 요소들을 놓치게 한다. 그리고 현실을 무시하는 피상적인 답습은 실효성이 부족하다. 반면 현대적인 예배는 기독교의 정체성과 예배의 전통에 대한 이해를 갖추어야 할 과제를 안고 있다. 깊이 있는 예배의 영성은 "심오한 전통과 실제적인 삶을 창조적으로 연결"시켜 줄 때

실현 가능하다.[95]

진지하되 고루하지 않고, 신선하되 난해하지 않은, 깊이와 넓이를 갖춘 예배를 기대한다. Z세대를 위한 진정성, 참여성, 심미성, 다양성, 실천성, 문화친화성을 갖춘 예배를 위해 몇가지 실제적인 조언을 하면 다음과 같다.

1. 전통에 대한 바른 이해를 도모하라. 전통적인 것을 무조건 배제하는 것은 지혜로운 일이 아니다. 예를 들어 사도신경을 습관적으로 외우는 것은 의미없는 답습이다. 하지만 믿음의 선조들이 목숨을 걸고 지켰던 고백의 흔적을 공유한다면, 믿음의 유산을 지켜내는 유용한 순서로 선용할 수 있다. 만약 기존의 방식이 구태의연하다면 대화식으로 한다거나 낭독과 응답으로 하는 등 Z세대에게 어울리는 방법을 찾아야 한다. 성례전의 신비에 대한 적절한 교육이 이루어지고, 현대화된 예식으로 공감을 불러일으킬 수 있다. Z세대에게 어울리는 블렌디드 형식의 성례전 실천도 어려운 일이 아니다. 이러한 창조적인 노력을 통해 얼마든지 전통과 현대는 공존하며 서로에게 유익을 줄 수 있다.

2. 예배에서 다양한 도구의 사용을 주저하지 말아야 한다. Z세대는 특별히 시각효과와 예술에 대한 관심과 이해가 높다. 창의적 표현에 대해 대단히 우호적이다. 따라서 많은 현대예배와 이머징예배에서 사용하는 예배의 순서나 내용, 그리고 구체적인 방법을 사용하기를 권고한다. 예배 전이나 예배 중에 효과적인 의사전달을 위한 슬라이드뿐만 아니라 시각적

인 작품, 예를 들면 단편영화나 모션 그래픽을 사용하는 것도 추천한다.

설교단이 놓여진 환경을 단순하고 소박하게 만드는 것도 좋고, 절기와 상황에 따라 다양한 예술적 시도를 하는 것도 권장한다. 물론 이 모든 일의 기준은 전달하고자 하는 메시지가 분명해야 한다는 것이다. 복음을 가리는 예술과 상징의 사용은 지양해야 한다. 공동체의 형편에 맞게 취사선택하여 지혜롭게 선용한다면, Z세대에게 어울리는 예배와 예배 환경의 창조에 큰 유익이 될 것이다. 여건이 가능한 소수 교회의 경우지만, 아트 디렉터가 교회의 예배 환경을 책임지는 교회가 늘고 있음도 주목할 일이다. 전문적인 도움을 받는 것이 좋겠지만, 형편이 어렵다면 예배위원회가 예술과 상징의 효과적인 사용을 위해 함께 머리를 맞대고 공부하면 어떨까?

3. 다채로운 음악의 사용도 추천한다. 디지털 문화의 발전으로 인해 막대한 양의 정보를 공유할 수 있음에 따라, 음악에 있어서도 장르의 구분없이 다양한 시도가 가능해졌다. Z세대가 누리고 있는 음악적 유산과 자산을 활용하라. 이는 더욱 풍성하고 매력적인 예배의 창조를 가능케 한다. 예를 들면 현재 유럽과 북미에서 떼제 공동체의 예배가 수많은 젊은이들에게 공감을 불러일으키고 있다. 떼제의 음악이 지닌 엄숙함과 평이함이 Z세대의 정서와 기대에 부합한 것이다. 다양한 음악적 시도들에 대해 열린 마음으로 수용하고 적용하는 용기와 지혜가 요구된다. Z세대는 다변화된 세계에 익숙할 뿐 아니라 다양성을 적극적으로 추구한다.

4. 음악뿐 아니라 문화에 대한 적극적인 이해가 필요하다. 사실 예수 그리스

도의 성육신 자체가 문화적 의미를 갖는다. 예수께서는 특정한 시간과 공간을 배경으로 활동하셨다. 하나님은 역사를 통해 특정한 문화 안에서 사람들과 소통하신다. 예배가 문화를 선용하는 것은 이렇듯 하나님이 일하시는 방식에 동참하는 일이다. 문화는 사람들이 마음을 여는 언어다. 음악, 미술, 건축, 문학, 영화, 디지털 기술 등 다양한 문화적 표현 방식을 예배에서 사용하고, 그 통로를 통해 예배자들은 하나님께 마음을 열 수 있다. 고전적인 방식도 여전히 유효하다. 그리고 SNS 숏폼 영상과 같은 수단들이 예배의 홍보, 기도 제목의 나눔, 나아가 복음의 선포에도 널리 사용된다. 그 지역의 음식과 장식을 활용한 디너처치의 예배는 '식사 문화'를 통해 성만찬적 공동체를 이루기도 한다. 모든 문화는 가치와 이야기를 담고 있다. 예배가 문화를 수용할 때, 단순히 따라가는 것이 아니라 하나님의 진리와 아름다움으로 재해석한다. 또한 문화의 어두움을 밝히는 역할을 할 수 있도록 하는 것도 중요하다.

5. 다양한 예배 경험의 가치는 예배가 '관람'이 아닌 '함께 참여하고 느끼는 것'이다. 잘 알려진 레너드 스윗(Leonard Sweet)의 미래교회에 대한 정의인 EPIC 이론은 현재 실체로 나타나고 있다.[96] 경험하고 느끼는 교회(Experiential Church), 참여하고 상호작용하는 교회(Participatory Church), 이미지와 은유로 사고하는 교회(Image-driven Church), 관계가 살아있는 공동체를 세우는 교회(Connected Church)에 대한 기대는 예배에도 동일하게 적용된다. 예배의 다양한 형식과 내용이 성도의 능동적인 참여를 위한 통로가 될 수 있다. 오감을 활용하는 예배를 추구하는 이유도 여기에

있다. 인간은 몸, 즉 듣고 보고 만지고 맛보고 냄새 맡는 오감과 마음, 영을 통해서 하나님의 사랑과 은혜에 감동하도록 창조되었다.[97] 단순히 여러 가지 시도를 하라는 제언이 아니다. 공동의 관심을 담은 함께 드리는 기도, 명확한 가사의 전달, 공동체가 함께 하나님께 온전히 집중할 수 있는 환경의 조성, 환대가 느껴지는 언어와 공간, 진정성의 공유, 그리고 대중성의 확보 등을 진지하게 고려해야 한다.

공감과 소통의 설교

조사 연구에서 '설교에 대한 인식'에서 목회자와 성도들은 확연한 차이를 드러낸다. 목회자의 설교를 하나님의 말씀이라기보다는 목회자의 개인적인 의견으로 받아들이는 비율이 42%에 이른다. 이러한 경향은 여성보다 남성에게서 강하게 나타난다. 설교를 하나님의 말씀으로 여긴다는 의견과 목회자의 이야기로 듣는다는 입장이 갖는 긍정적인 부분과 부정적인 부분이 혼재한다. 설교가 쌍방간 소통이 아닌 일방적인 전달이라는 분석도 가능하다. 따라서 설교에 대한 냉정하고 객관적인 분석과 평가, 그리고 개선 방안이 요구된다.[98] 나아가 설교에 대한 만족도가 상당히 낮다는 점도 눈여겨 볼 부분이다. 앞서 설명했듯이 교회 안에서의 '일방적인 소통'에 설교도 포함된다는 사실을 잊어서는 안될 것이다. 그렇다면 설교에 대한 전향적 이해가 필요하다.

이러한 배경을 염두에 두고 다음과 같이 설교를 성찰하며 변화를 모색해보자.

1. 설교는 '하나님의 말씀을 듣는 일'임과 동시에 '성도들의 필요에 귀를 기울이는 일'이다. 설교에 공감하지 않는 성도의 비율이 예상외로 높다는 것은 한편으로 성도들의 삶의 정황과 현대문화에 대한 이해가 부족하다는 의미이기도 하다. 나아가 현대사회가 낳은 소외와 여러 가지 어려움에 대해 설교를 통해 목회적 도움을 주는 것은 긍정적인 부분이다. 물론 조금은 충격적인 조사결과가 눈에 띈다. Z세대 성도들은 높은 비율로 '마음의 평안'(28.1%)을 갈급해 한다.[99] '행복한 가정과 개인적 건강'이 신앙생활보다 더 중요하다고 응답했다.[100] 물론 이에 대해 아쉬워하고 비판적 입장을 가질 수 있다. 그러나 앞서 분석한 통계에서 이러한 기대와 설교자가 반드시 선포해야 할 내용 사이의 차이를 어떻게 극복할 것인지에 대한 분석이 절실하다. 목양적인 보살핌은 반드시 필요하다. 어떻게 복음적으로 설득력 있게 그 주제를 다루느냐가 설교의 과제로 남는다.

한스 슈바르츠(Hans Schwarz)는 설교의 메시지가 오늘의 삶의 국면들을 근거로 하지 않거나 그것들과 통하지 않는다면 "살아있는 복음이 아닌, 지금의 우리와는 상관없는 먼 시대 옛날 사람들에 관한 죽은 소리"라고 설명한다.[101]

설교의 방식은 다양하나 그 목적은 동일하다. 그것은 성령의 도우심 가운데 설교자와 회중의 마음과 삶에 거룩한 결단과 변화를 불러일으키는 것이다. 설교는 단순한 지식 전달이 아니며 특정 이념의 정당화를 위한 시간은 더더욱 아니다. 설교는 성도들의 삶 속에 역사하시는 하나님의 활동을 찾고 그분의 음성을 들으며 삶 속에서 말씀대로 살아가도록 증언하고 설득하는 일이다.

　2. **목회자들의 설교가 권위적이며 일방적일 수 있음을 인식해야 한다. 그리고 전달의 내용과 방식을 수정해야 할 것이다.** 황인권은 최근 설교를 의미하는 용어가 'sermon' 대신 'message'를 선호하고 있다는 사실에 주목한다. 설교를 듣는 이들에게 좀 더 친화적이고 자연스러운 방식으로, 즉 가르침이나 훈계보다는 나눔과 증언의 형태로 다가설 것을 주문한다.[102] 위압적인 언어는 Z세대의 귀를 닫는다. 설교에서 사용하는 언어가 날카롭고 권위적이지 않은지 돌아보아야겠다. 성도들을 복음으로 초청하고, 주님의 마음으로 안아주고 위로해주어야 한다. 나아가 효과적인 커뮤니케이션을 위해 다각적인 노력이 필요하다. 설교 역시 대중을 상대로 관심과 동의와 감동을 불러일으키는 공중연설이라는 사실을 잊어서는 안될 것이다.

　3. **설교에서 사회 윤리적 책임에 대한 내용은 그 질과 양에 있어서 설교자들의 생각보다 현저히 적다.** 나아가 목회자들은 사회 윤리적 책임에 대한 설교를 자주하지만, 실제 성도들의 수용률이 매우 낮다는 사실을 인지해야 한다. 이는 사회 정의와 성도의 실천을 중요하게 여기는 Z세대에게는 설득력이 부족하다. 어떻게 설교자가 성도로서의 삶, 윤리적 결단을 설교에 녹여내고 회중의 동의와 감동과 결단을 얻을 수 있을까? 이에 대한 대답은 단순하다. 회개와 변화와 위로의 복음을 선포하는 것이다.

　4. **설교와 사명을 연결시키는 노력이 필요하다.** 설교를 통해 사회 윤리적 책임에 대한 내용이 다뤄지고 있다. 하지만 실제 성도들의 삶과의 연계

성이 부족하여 실효성이 낮다. 몇 가지 추론들이 기독교인의 사회 윤리적 책임에 대한 보다 실제적이고 구체적인 대안의 필요성을 알려준다. 다양한 통계에서 드러나듯, Z세대는 삶으로 구현되는 생활 신앙에 대한 관심이 높다. 교리적인 지식의 습득도 중요하고 위로도 중요하지만, 삶 속에서 구체적으로 실천할 수 있는 내용을 나누는 것이 설교의 중요한 역할이며 의무다. 기독교인의 사회 윤리적 책임에 대한 내용을 설교하느냐는 질문에 대해서 목회자들은 대단히 높은 긍정적인 응답을 했다.

하지만 사회의 문제에 대해 구체적으로 설교했다거나, 그런 설교에 반응했다는 성도들의 응답은 비교적 낮다. 젊은 계층이 기독교인의 사회적인 책임에 대한 설교를 기대하고 관심이 높아졌다고 응답한 것이 고무적이다. 하지만 실제 설교 현장에서는 대응이 미흡하다고 평가할 수 있다. 이 사안에 대한 목회자들의 진지한 성찰과 대안 마련이 요구된다.

폴 스콧 윌슨(Paul Scott Wilson)의 조언을 빌리면, 세상을 향한 하나님의 행동, 즉 그분의 은혜를 선포하고 그에 입각한 행동으로 성도들을 적극적으로 초청해야 한다.[103] 설교에서 복음의 본질적인 내용을 포기하자는 주장이 아니다. 오히려 복음을 어떻게 하면 Z세대의 언어와 방식으로 전달할 수 있는지 고민하고 실천해야 한다. 구태의연한 설교가 아닌 교회의 커뮤니케이션 방식에 대한 전면적인 검토가 필요하다. 공감과 변화를 불러일으킬 수 있는 다양한 소통방식을 적극적으로 수용하자.

소결

교회와 예배의 정체성과 소명은 시대를 관통하여 여전히 변함이 없다. 그것은 주님의 명령을 따라 복음을 선포하고 복음대로 사는 것이다. 그러한 삶을 지향하는 공동체와 더불어 예배하는 것이다. 기독교의 본질, 예배의 본질은 시대와 문화를 관통하는 불변성을 가지고 있다. 우리의 예배가 복음으로 돌아가서 복음을 나누는 예배, 복음의 원칙대로 준비하고, 드리고, 복음의 기준으로 살아가는 삶을 포괄하는 예배가 되기를 바란다. 이렇게 드리는 예배는 세대를 초월하여 여전히 거룩한 변화를 불러 일으킨다.

예배는 배려와 환대를 통해 이 땅에 하늘의 삶을 구현하려는 종말론적 삶의 구체적 실체다. 예배와 삶이 상호소통하는 참된 예배자의 삶이 한국교회의 소망이다. 형식은 늘 변해왔으며 문제도 상존한다. 형식은 어제와 오늘이, 저곳과 이곳이 동일할 수도 없고 동일해야 할 이유도 없다. 결국 지켜야 할 가치가 무엇인가에 대한 진지한 사유와 해결 방안의 모색이 교회에 맡겨진 의무다. 결국 본질의 회복이 답이다. 예배의 본질에 대한 세심한 연구와 적용이 필요하다. 지금까지 기독교의 예배는 기복적인 간구가 주를 이루는 기도, 사견이 지나치게 많이 담긴 비복음적 설교, 예전적인 형식이나 신비에 대한 이해나 적용이 부족한 예배라는 문제를 안고 있었다. 설문조사에서도 이러한 과제들이 분명하게 드러났다.

최근 새로운 세대를 위한 교회를 꿈꾸고 실천하는 이들의 치열한 노력과 실천이 돋보인다. 황인권은 《5無 교회가 온다》라는 저서를 통해 십자가와 새벽예배, 성경공부와 구역, 장로 등이 없는 MZ교회를 제안한다.[104] 매우 자극적인 제목을 가지고 있다. 하지만 사실 책은 교회가 복음으로, 본질로 돌아가야 한다는 주장이다. 즉 본질을 지키되 시대의 변화에 따라 교회의 모습과 운영 방식이 달라져야 한다. 시대와 문화에 뒤떨어진 업적지상주의와 세속주의를 벗어나지 못하는 교회, 여전히 권위주의적인 교회의 모습에 대한 안타까움이 느껴진다. 사실 이 주장은 새로운 것이 아니다. 개신교회는 개혁이라는 정체성을 태생적으로 보유하고 있다.

교회는 지속적으로 세상에 소망을 제공해야 한다. 새로운 세계관을 형성시켜 준 저력을 가지고 있다. 이러한 변화에 대한 용기이며, 이에 수반되는 결단과 실천이다. 예배학자 프랭크 션(Frank Senn)은 기독교 예배가 엔터테인먼트가 되면 안된다고 강조한다. 오히려 매력적인(Enchantment) 것이 되어야 한다고 주장했다. 공연이나 쇼가 아니라 진정성을 가지고 젊은이들에게 설득력이 있는 예배를 만들어야 한다는 의미다. 그렇게 하려면 기독교의 본질에 충실하면서, 시대를 선도하는 의미와 매력을 담고 오늘의 방식으로 표현해야 한다.

Z세대에게 매력적이고 설득력 있는 예배, 진지하되 고루하지 않고, 신선하되 난해하지 않은, 깊이와 넓이를 갖춘 예배를 기대한다. 시대를 품고 문화를 적극적으로 활용하는 것은 거스를 수 없는 대세다. 중요한 것은 건강한 신학과 실천에의 의지다. 앞으로의 예배는, 특별히 Z세대를 위한 예배에서는 다음과 같은 변화의 방향에 마음을 열고 동참해야 한

다. 열정에서 성찰로, 회심에서 섬김으로, 성장에서 성숙으로, 일치에서 포용으로, 지시에서 소통으로, 관람에서 참여로! 결국 본질의 회복과 세상과의 소통을 통해 우리의 예배는 삶의 기준으로, 세상의 소망으로 그 본래적 역할을 감당할 수 있을 것이다.[105]

4장

Z세대 전도와 선교: 세상을 향하여 다리놓기를 시도하라!

Z세대[106]는 M세대(Millennial Generation)[107] 뒤를 잇는 세대이다. Z세대는 1990년대 중반부터 2000년대 중·후반에 출생한 청년 혹은 학생 세대를 말한다. Z세대는 자라온 환경이 M세대와 다른 독특한 특징을 가지고 있다. Z세대는 세상을 바라보는 방식이나 경험이 이전 세대와는 완전히 다르다. Z세대는 디지털 원주민(Digital Native)으로 태어났다. 그들이 자라오면서 삶의 중심에는 스마트폰과 태블릿 PC가 놓여 있다. Z세대들은 자라면서 스마트폰과 함께 SNS를 통해 타인과 관계하며, 자신의 경험을 나누며 소통한다. Z세대들은 "친구들과 인스타로 연락하고 아침에 눈을 뜨자마자 DM부터 보낸다."[108] 이러한 삶의 모습 때문에 Z세대는 관료적, 권위적인 관계를 거부한다. 수평적이고 쌍방향적인 관계를 중요하게 생각한다. 획일화된 구조나 일방통행식 의사소통을 거부한다.

탈중심화되고 다양한 커뮤니케이션 방식으로 소통한다.

Z세대는 모든 일에 있어서 '공정과 평등'을 중요한 가치로 여긴다. 사회와 교회의 기준과 가치가 불공정과 불평등이 있으며 여기에 비판하고 목소리를 높여 도전을 한다. Z세대는 공정함이 곧 정의이다. Z세대는 사회적 정의, 환경보호, 인권 등 다양한 사회적 이슈에도 관심이 많다.[109]

최근 다양성과 포용성이 주요한 사회적 이슈로 등장했다. 기독교의 가르침 중 일부는 이러한 사회적 이슈와 맞닿아 있다. 이로 인해 크리스천 Z세대는 신앙을 통해서 사회적 이슈와 관련된 자신의 가치관을 형성하고 실천하고자 한다. 이들이 교회의 사회적 역할에 대해서도 이전 세대보다 높은 관심을 보이는 것은 이 때문이다.

이러한 상황에서 Z세대가 교회를 바라보는 시각은 매우 비판적이다. 다음시대연구소에서 여론조사 기관 공정을 통해 설문한 결과는 충격적이다. 연구조사 보고서에 보면 비개신교인 Z세대는 10명 중 8명이 '교회에 대하여 신뢰하지 않는다.' 그리고 10명 중 7명은 '교회에 대한 호감도 매우 낮다.' 또한 '기독교를 종교로 가질 의향이 없는 Z세대'가 10명 중 8명이 넘는다. 이것은 무엇을 의미하고 있는가? 비기독교인 Z세대에게 '기독교와 교회'는 한마디로 호감도가 없다는 뜻이다. 교회를 다니는 Z세대조차 '교회를 신뢰하지 않는다'가 10명 중 4명이다.[110] 통계의 결과로 볼 때 심각한 상황이다.

Z세대 기독교 인구는 10% 정도에 머물러 있다. 그들을 향한 전도의 방향은 무엇인가? 교회를 다니는 Z세대의 교회 신뢰도가 낮은 상황에서 어떻게 그들에게 다가가며 돌봄을 해야 하는가? 교회에 대한 비호감도가 높고, 신뢰도가 낮은 Z세대를 향한 교회의 전도방향은 무엇인가? 비기독교인 Z세대를 향한 다리놓기는 어떻게 할 것인가? 이러한 질문의 대답이 구체적으로 요청된다. 이제 한국교회가 비기독교인 Z세대를 위한 전도사역에 대해 방안을 제시하고자 한다.

Z세대 특징과 관심사

Z세대의 가장 큰 관심은 일과 취미, 그리고 자신의 미래에 대한 진로와 취업에 있다. Z세대가 가장 많은 시간을 쓰는 활동으로는 취미(44.6%), 일(43.6%), 진로 고민(35.6%), 자아 성찰(28.7%), 취업 준비(28.7%)로 나타났다. 이 중에서 회사에 다니고 있는 Z세대는 일과 취미활동에 큰 관심을 가진다. 미취업 상태인 Z세대는 진로 고민, 자아 성찰에 상대적으로 더 시간을 가지는 것으로 나타났다.[111] 그들은 현재의 자기만족인 삶에 집중하면서도 미래의 취업이나 진로를 위한 준비를 하고 있다.

정연승은 《Z세대, 우리에게 도착하다》[112]에서 'Z세대의 5가지 감각'에 대하여 설명한다.

Z세대는 첫째로 '생존본능'(An instinct for Survival)이 발달해 있다. 두 번째는 자기밖에 모르는 건가 싶을 정도로 '자기 몰입적 태도'(Self-immersion mindset)를 가진다. 세 번째는 빠르게 판단하고 빠르게 결정하고, 빠르게 움직이는 '단거리적 관점'(Short-distance View)을 가졌다. 이들은 반복되는 시합과 경쟁 속에서 살아오다 보니 '지친 마음'(Low mental Strength)을 가지고 있다. 다섯 번째는 Z세대는 불공정, 불평등, 부당함에 대하여 민감하게 반응한다. 그 결과 '부당함에 대한 센서'(Injustice Sensor)가 강하다.

Z세대의 특징은 생존이 일상이다. 그리고 자기중심적인 태도가 매우 강하고, 의사결정과 판단이 매우 빠르다. 입시, 진로와 취업으로 인하여 불안함과 걱정 등으로 지친 마음을 지닌다. 불평등과 불공정에 대하여 강하게 비판하고 거부한다.

디지털 네이티브

Z세대는 다양한 디지털 플랫폼에 연결되어 살아가고 있다. SNS에 익숙한 Z세대는 다양한 플랫폼을 통하여 자신을 드러낸다. 자기의 기호와 관심을 연결하며, 인간관계의 네트워크를 만든다. 그들은 온라인(Online) 미디어와 챗(Chat)으로 자기와 세계의 사람들과 연대를 만들고 있다.[113] Z세대는 디지털 원주민으로서 어릴 때부터 스마트폰에 익숙하다. Z세대는 M세대와 생각과 가치관이 완전히 다르다. 디지틸 네이티브들은 태어나면서부터 스마트폰과 태블릿PC가 생활의 중심였다. 급격

한 IT기술의 발달로, 태어나면서부터 스마트폰에 익숙하다. 소셜 미디어(SNS)를 통해 타인과 소통하고 관계를 맺는 것이 삶의 일상이다.

디지털 네이티브인 Z세대는 아날로그 환경을 체험하지 못한 최초의 세대이다. 세계를 인식하는 방법과 시공간 개념이 기존 세대와 다른 세대이다. 온라인 콘텐츠를 소비할 뿐만 아니라 유튜브와 같은 비디오 콘텐츠 제작이 자연스러운 세대이다. Z세대는 코로나 팬데믹 기간 동안에 학교수업, 교회 예배 등 모두 온라인으로 참여해야 했다. 대면 관계보다는 비대면이 훨씬 익숙하고 편한 성향을 가지고 있다. 이러한 현상 때문에 이들은 오프라인 체험을 선망하는 경향을 가져오기도 한다.[114]

스미스(T. J Smith)는 "Z세대는 사회적인 흐름은 매우 넓고 지극히 개인적이지만, 그들의 관심에 대하여 쌍방적인 상호작용을 중요하게 생각한다"[115]고 설명한다. 수직적이고 관료적인 관계을 거부한다. 수평적이고 다양한 소통으로 커뮤니케이션을 중요하게 생각한다.

Flex 문화

Z세대는 자기들만의 루틴과 취향을 중요하게 생각한다. 그들은 취향과 호감, 그리고 관심사를 통하여 관계를 맺는다. 커뮤니티 안에서 자기들과 관심이 같으면 모르는 익명의 사람들이라도 연대와 동질감을 갖고 함께 움직인다. 이것은 그들이 자기들의 선호와 기호에 맞는 사람들과 어울린다는 것이다.[116] 하루를 살아감에 작고 소소한 일상에서 기쁨을 얻는다. 거기에서 성취감을 갖고 꿈을 꾸고 살아간다. 아침에 눈을 뜨

고 앱을 실행하면서, '오늘부터 꼭 부지런하고 모범적인 생활을 하며 살자' 같은 결심을 한다. 아침 6시 미라클 모닝이나 '오운완'(오늘 운동 완료)이라는 해시태그와 함께 아침 운동을 인증하는 인스타 스토리도 쉽게 찾아볼 수 있다.[117]

Z세대는 다른 세대보다 자신을 돌보는 일에 큰 변화를 가져왔다. 코로나 19 이후로 Z세대는 더욱 강력하게 '개인'을 돌보게 되었다. 나를 둘러싼 시공간 개념을 더 강하게 인지하기 시작하였다. 학교가는 시간, 출퇴근 시간, 회사에서 지내는 시간, 퇴근 후 저녁에 쓰는 개인 시간으로 나누어 있던 시간이 갑자기 전체 통으로 주어졌다. 재택 근무 시간이 많이 늘어났다. 그래서 모닝 루틴, 점심 루틴, 저녁 루틴의 나만의 루틴을 만들어 자신을 관리한다.

Z세대는 '갓생', 신을 뜻하는 갓(god)과 삶을 의미하는 생(生)을 합성한 용어로 '매일 생산적인 계획을 세우고, 실천함을 통해서 일상을 더 괜찮은 상태로 유지한다.' Z세대는 이제 적어도 하루하루를 잘 보내자는 성취감을 얻는 데, 집중하는 삶의 태도를 갖고 살아가고 있다. 이들은 자신의 정체성을 중요시하며 자기를 제대로 파악하고자 하는 욕구가 강하다. 그래서 MBTI나 퍼스널 컬러 테스트가 크게 유행했고, 그 유행은 지금도 이어지고 있다. 나아가 전문적인 유료 테스트를 통해 자신에게 어울리는 스타일을 찾으려는 노력을 계속하고 있다. 최근에는 헤어, 피부, 체형 컨설팅 서비스가 인기를 끌고 있다.[118]

무엇보다 Z세대는 개인의 관심사나 취향으로 자기를 브랜드화한다. 개인의 취향이나 관심사를 가지고 Flex 문화(자기 다움, 자기 과시)를 통해서 자기의 정체성를 발견한다. 또한 타인들이 자기를 어떻게 생각하는지 주목한다. Z세대는 매우 솔직하다. 개인적인 경향이 매우 강하고, 자기만의 독창성을 추구한다. 감성과 경험을 중시하는 문화를 가지고 있다. 다른 사람들이 자기를 어떻게 생각하고 이해하는지도 세심하게 살핀다. 이모티콘, 해시태그, SNS 사진, 숏폼에서 자기의 개성을 드러낸다. Z세대는 자기의 기호와 취향을 넘어 자기를 드러내고 자기다움, Flex 문화에 익숙하다.

공정함의 가치

Z세대는 공정함을 중요한 가치로 생각한다. 그들은 공정함과 공공성을 잃어버린 정치, 사회현상에 싫증을 표현한다. 심지어 교회에서도 공정성 상실로 실망하고 있다. Z세대는 "ESG의 뜻은 잘 몰라도 그것이 중요한 키워드라는 사실을 안다. 못생긴 과일을 사는 것도, 환경을 생각해 빨대 없이 커피를 마시는 것도 ESG라고 한다. 그러니 기업이든 공공기관이든 미래 고객인 Z세대가 좋아하는 ESG를 챙긴다. 이제 환경보호는 당연한 일이 되었다. Z세대는 개인만의 신념이나 가치가 누구보다 중요한 사람들이다."[119] Z세대는 환경문제를 중요한 이슈로 생각한다. 거기에 중요한 가치를 부여하며 지켜나간다.

Z세대는 ESG를 넘어 'DEI'를 중요하게 생각한다. 'Diversity, Equity, Inclusion'의 약자로 보통 '다양성, 형평성, 포용성'으로 번역된다.

ESG가 국내에선 친환경의 맥락이 강조된 키워드라면, DEI는 ESG에서 S에 해당하는 사회적 측면을 주목한다. 장애인을 채용했는지, 종교 성별 학력을 차별했는지, 공정한 방식으로 공유했는지, 공평한 방식으로 보상했는지 등을 측정한다.[120] Z세대는 사회정의, 기후환경보호, 인권 등에 관심이 많다. 사회적 이슈에 공정성, 다양성, 평등성, 포용성을 강조한다는 것을 알 수 있다.[121]

불안한 세대

Z세대는 불안이 많은 세대다. 걱정과 우울증, 암울함이 이전 세대보다 훨씬 크고 오래 지속된다. FOMO(Fear of Missing Out) and FOBO(Fear of Being Off-line)의 불안과 걱정, 그리고 우울증이 극도로 증가되어 살아가는 세대다.[122] Z세대는 결정되지 않은 불확실한 미래 때문에 불안하고 걱정이 많다. Z세대에게 '입시' '청년 취업난'과 거주자 문제 같은 사회적인 상황도 한층 걱정을 더 하게 한다. 그렉 스티어(Greg Stier)는 "나쁜 소식은 Z세대가 슬픔, 외로움, 불안에 눌려 쓰러져 있다는 것이다." Z세대가 갖고 있는 부정적 감정을 일으키는 것은 미래의 불확실성, 방향성 상실, 타인과의 비교, 나만 멈춰진 느낌, 취업난, 관계단절, 체력 소진 등이다.[123]

〈2025년 Z세대 종교인식도 조사〉[124]에서 Z세대의 가장 큰 고민은 무엇인가? 취업이나 이직문제가 26.3%, 진로와 진학문제 24.6%, 경제적 문제 24.6%'로 매우 높게 나타났다. 반면에 인간관계의 문제 6.6%,

이성문제 5.5%다. Z세대에게 인간관계나 이성문제는 그들의 고민과 관심사에서 1순위가 아니다. Z세대는 미래의 불안으로 취업, 진로문제가 중요한 고민이며 관심사다.

Z세대 "그들은 정신적, 정서적인 문제와 건강 때문에 어려움을 겪고 있다. 또한 그들은 자기 삶의 문제와 정체성에 대한 이슈로 아파하고 있다. 10대와 20대 초중반, Z세대들은 정확하지 않은 현실의 그림에서 미래가 불안하다."[125] 미래가 불투명하여 불안하고 걱정 많은 Z세대다.

영적인 것을 추구

Z세대는 영적이고 신비적인 것을 추구하는 세대다. Z세대는 자기의 불안함을 신비적인 것과 영적인 것에 참여하여 해결하길 원한다.

"사주를 보고, 점과 서구의 오컬트적인 상징 및 점술을 위한 도구로 널리 쓰이는 카드 점인 타로를 이용해서 미래를 예측한다. 그들은 78장의 카드를 사용한 타로에서 불안한 현실에서 미래의 답을 찾는다. 심지어 무당을 찾아가 미래의 운명을 맡기는 모습"[126]을 볼 수 있다.

기독교사회문제연구원이 19~34세 개신교인 1000명을 대상으로 설문조사를 진행하였다. 2023년 12월 발표한 자료에서 '다른 종교 경험'을 묻는 말에 '점 사주 타로'라고 답한 응답자는 절반에 육박하는 45.4%나 됐다. 1위인 요가 명상(45.7%)과 별 차이가 없다."[127] Z세대는 심미적인 문화 현상과 함께 그들의 상황 속에서 입시, 미래의 불안과 진로문제, 취업의 불안정, 경제적 어려움 등으로 무당을 찾는다. 샤머니즘적인 신비주의와 영적인 것을 추구한다.

영성에 대한 관심은 Z세대 사이에서 실제로 증가하고 있다. 2023년 스프링타이드 연구소(Springtide Institute) 조사에 따르면 Z세대 성인 3명 중 1명이 신적 존재를 믿는다고 응답했다. 이는 2년 전의 4명 중 1명보다 증가한 수치다.[128] Z세대는 진로, 취업, 경제적 문제, 관계단절등 어려움과 절망감 때문에 해답을 신비적이고 샤머니즘적인 요소에서 찾는다.

한국교회 Z세대를 향한 전도전략

Z세대는 '디지털 네이티브'로 SNS를 활용한 수평적인 소통과 상호작용에 익숙하다. 공정성과 다양성과 포용성을 강조하며 자기만의 루틴을 가지고 일과 취미, 취향을 만들어가고 있다. 무엇보다 불안과 걱정이 많은 세대다. 영적이고 신비적인 것을 추구하는 세대다. 이러한 **Z세대를 향한 한국교회의 전도전략**은 무엇인가?

관계를 통한 전도

'친구를 통한 관계중심의 전도'이다. Z세대는 교회를 모태신앙과 부모님을 따라 온 경우가 제일 많다. 그리고 친구/지인의 관계를 통하여 교회에 출석하는 경우이다. 모태신앙(54%), 친구/지인의 전도(17.4%), 부모님을 따라서(15.8%) 등의 순으로 나타나고 있다. 신앙생활에 있어서도 가장 영향을 많이 준 사람은 어머니(43.8%), 다음으로 교회친구(15.2%)이고, 아버지(10.6%), 목회자(7.4%) 순이다.

'부모님' 다음으로 '친구와 지인'을 통하여 교회에 오는 경우가 많고, 신앙생활에 영향을 준 순위를 살펴보아도 '어머니' 다음으로 '친구'임을 알 수 있다. 통계를 보면 시사점이 분명히 나타나고 있다. '친구와 지인'를 통한 전도의 중요성이다.

친구와 지인을 통한 관계전도가 필요한 이유를 다음의 통계에서 확인해 볼 수 있다. 전석재, 서요한의 〈2024 Z세대 종교 인식도 조사〉 통계를 살펴보면, 교회에 호감이 있다고 응답한 46명의 중 호감가는 이유는 다음과 같다.

[그림] 교회 호감이 있는 이유

[개신교 이외, 개신교에 호감 있다 n=46, 단위 %]

문. 교회에 호감을 가지는 이유를 다음 중에서 고른다면 무엇입니까?

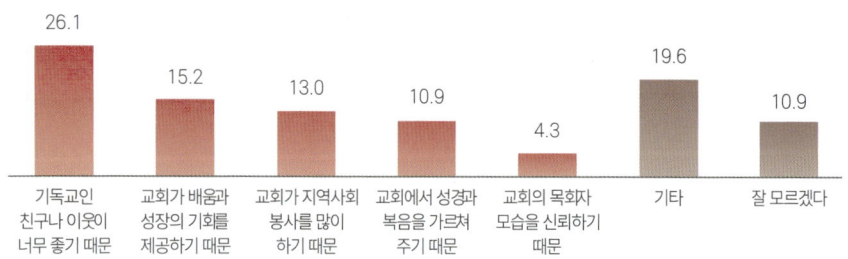

- 조사기간: 2024년 2월 2일　- 조사대상: 전국 만 17세~28세 남녀
- 응답자수: 528명　- 응답율: 2.0%
- 표본오차: 95% 신뢰수준 ± 4.3%　- 조사방법: 무선전화 RDD100% 자동응답전화조사

　　1순위가 '기독교인 친구나 지인이 너무 좋기 때문'(26.1%)이라고 답하고 있다. 이는 한국교회가 복음 전도 방식을 '관계전도'로 진행해야 한다는 점을 시사하고 있다.

　　Z세대 기독교인들을 전도자로 세우고 그들이 학교에서 친구들과 소통하여 전도를 할 수 있도록 한다. 이를 위해 동아리모임으로 학기 중 '스쿨처치운동'도 관계전도를 위한 대안이 될 수 있다. 실제적으로 학원 복음화 인큐베이팅 사역은 2009년 학교 예배운동을 시작하여 수백 개의 학교에서 예배모임, 기도모임을 통하여 관계 전도의 기회를 삼고 있다 (목회와 신학, 2025년 5월 80-81). 학생들 스스로 이러한 모임을 운영하여 친구와의 소통, 모임기획, 믿지않는 친구와 동기들에게 복음전도를 한다.

문화 콘텐츠를 통한 전도

"지난해 성탄절을 앞두고 서울 건국대 인근에서 '예수님 생일 카페' 가 열렸다. 카페에서는 사람 크기의 예수님 모습과 사진을 찍을 수 있는 포토존을 비롯해 성탄의 의미에 관한 퀴즈 맞히기 등 다양한 이벤트가 마련됐다. 한국대학생선교회(CCC)가 다음세대 눈높이에 맞춰 마련한 전도행사다. 아이돌 팬들이 즐겨하는 일명 '생카', 생일 카페 문화에 착안해 성탄절에 예수님을 알렸던 이 행사는 관련 영상 콘텐츠 조회수가 3500만회를 넘기는 등 인기를 끌었다."[129]

이원석 아르예 스튜디오 대표는 "기독교를 믿지 않는 사람에게도 예수님을 친근하게 경험하게 하려고 다양한 시도를 하면서도 '갓(God)' 대신 '힘(him)'으로 표기해야 하나 나도 모르게 고민하고 소극적이 될 때가 있다"면서 "적극적으로 종교의 경계를 허무는 접근이 다음세대에게 얼마나 큰 영향을 미치는지 깨달았다"고 밝혔다.[130]

한국교회 대다수가 목표하는 선교적 사명인 '다음세대 복음화'를 위해선 힙한 분위기와 체험을 소비하는 데 적극적인 다음세대의 시선과 마음을 이해하고 맞춰갈 필요도 있다. 추진주 러브 코이노니아 대표는 "최근 몇 년 사이에 인스타그램이나 유튜브 콘텐츠를 통해 젊은 목회자들의 설교 메시지를 경험하는 비기독교인 청년들이 급격히 많아졌다"면서 "(그런데) 정장을 입지 않은 목사님을 향한 악성 댓글이 여전히 많다"고 말했다. "교회 밖에서 문턱 없이 경험할 수 있는 복음 콘텐츠를 오히려 교회 안에서 정죄하려 드는 셈"이라는 지적이다.[131]

기독교 브랜드 '갓츄'의 스태프들이 지난해 5월 서울 성수동에 마련한 팝업스토어에서 기독교 상품(굿즈)들을 선보이며 포즈를 취하고 있다. 갓츄 제공 출처] - 국민일보 2025년 4월 15일 기사내용.

"성수동에서 팝업하던 날이었어요. 손님 중 한 분이 예수님 분장을 한 저희 스태프를 붙잡고 최근에 힘들었던 얘길 나누시더니 위로를 받았다며 눈물을 흘리시더군요. 대단한 메시지가 아니더라도 복음의 통로가 돼줄 수 있다는 사실만으로 '갓츄(하나님 원츄)'를 멈출 수 없겠다는 생각이 들었습니다."(민 대표)[132]

"다음세대와의 접촉점에서 복음의 본질을 경험하는 크리스천 크리에이터들의 지향점은 같았다. 바로 '문화 콘텐츠'라는 하나님이 주신 이 시대의 도구가 복음의 선한 도구로 끊임없이 쓰임 받는 것이다."

미디어 사역을 통한 전도

"과거 스케이트 보드를 타던 중 부상을 당해 두개골 골절과 뇌출혈로 혼수상태에 빠진 적이 있었어요. 그때 나는 병원으로부터 '살 날이 얼마 남지 않았다'는 사망선고를 들을 정도로 생사를 오갔으나 천국에서 예수님을 만나 손상 입은 장기가 모두 치유됐습니다. 천국은 정말로 존재합니다. 나는 혼수상태에서 깨어난 뒤 내 모든 것을 바쳐 복음을 전하고 있습니다."

기독교 인플루언서이자 작가인 게이브 푸아로가 유튜브 등 자신의 SNS에 올린 간증이다. 지난 4년 동안 '인터넷 복음 전도자'로 활동하고 있는 그는 215만명의 유튜브 구독자를 달성하고 총 4억회 이상의 조회수를 기록하며 수천 개의 간증 댓글 등을 받았다.

스마트폰 이용률이 급증하면서 청소년들에게 '독소 가득한' SNS와 숏폼 등을 푸아로처럼 복음 전파의 도구로 사용하는 이들이 주목받고 있다. 수만명에서 많게는 수백만명의 팔로워를 보유한 기독교 크리에이터들이 또 다른 사명을 감당하고 있는 것이다.

푸아로는 폭스뉴스와의 인터뷰에서 "SNS와 틱톡 등 숏폼이 복음 전파 도구로서 다음세대에 부흥과 지속적인 변화를 일으키는 놀라운 현상을 직접 목격했다"면서 "점점 세속화하고 있는 오늘날 젊은이들은 대부분의 시간을 스마트폰을 보며 보내고 있다. 그런 상황 속에서 SNS와 숏폼은 기독교 미래를 위해 반드시 활용해야 하는 필수 도구가 됐다"고 전했다.[133]

크리스천 인플루언서 게이브 푸아로가 자신의 유튜브 채널에 게시한 영상. 그가 두개골 골절 등으로 혼수상태에 빠졌을 때 천국에서 예수님을 만난 경험담이 담겨 있다. 게이브 푸아로 유튜브 캡처.

    Z세대의 미디어 사역을 통한 선교이다. 미디어는 다음세대의 문화를 읽어내고, 이들과 소통하며 복음을 전하는 선교의 장이다. 그들이 잘 이해하고 즐겨하는 소셜 미디어 플랫폼[*]과 자주보는 콘텐츠를 분석하여 미디어를 통한 선교 방법을 모색해야 한다. Z세대들은 유튜브, 인스타그램, 틱톡, 카카오톡 등 다양한 플랫폼 안에서 콘텐츠를 활용하고, 문화를 형성하고 시간을 보내고 있다. 미디어 서비스의 OTT(Over-The-Top)는 온라인을 통하여 소비자에게 제공하는 미디어서비스 콘텐츠를 말한

---

* 온라인교회와 메타버스 교회가 필요하다는 응답이 42.7%로 비교적 높게 나타났다. Z세대에서 필요하지 않다는 응답이 40.8%로 나타났다. 비신자 Z세대들을 연결하고 네트워크하여 소통하기 위해서 온라인교회와 메타버스교회가 요청되고 있다.

다. OTT서비스는 넷플릭스, 쿠팡플레이, 티빙, 웨이브, 디즈니 플러스 등이 있다.[134] 이것이 복음의 접촉점을 가질 수 있는 장(Contents)이다.

메타버스 교회를 Z세대 선교에 활용하는 것도 방안이 될 수 있다. Z세대는 SNS를 그들의 삶의 중심으로 살아간다. 태어나면서부터 디지털 원주민로서 온라인 안에서 소통하고 커뮤니케이션 하며, 네트워크를 통한 관계 형성을 한다. 전석재, 서요한의 〈2024 Z세대 종교 인식도 조사〉에서 온라인 교회와 메타버스 교회의 필요성을 Z세대에게 질문해 응답률을 살펴보면 다음과 같다.

[그림] 온라인 교회와 메타버스교회의 필요성

[개신교 n=103, 단위: %]

문. 온라인 교회와 메타버스 교회에 대하여 어떻게 생각하십니까?

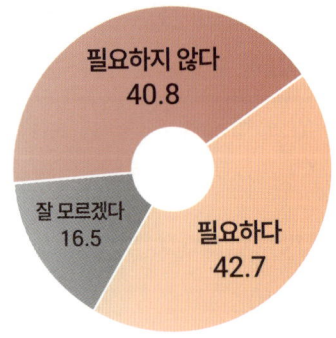

▪ 조사기간: 2024년 2월 2일 ▪ 조사대상: 전국 만 17세~28세 남녀
▪ 응답자수: 528명 ▪ 응답율: 2.0%
▪ 표본오차: 95% 신뢰수준 ± 4.3% ▪ 조사방법: 무선전화 RDD100% 자동응답전화조사

온라인 교회와 메타버스 교회가 필요하다는 응답이 42.7%로 비교적 높게 나타났다. Z세대에서 필요하지 않다는 응답은 40.8%로 나타났다. 비신자 Z세대들을 연결하고 네트워크하여 소통하기 위해서 온라인 교회와 메타버스 교회가 요청되고 있다.

메타버스를 활용한 Z세대 전도 사례를 살펴보자.

"한국대학생선교회(CCC)가 다음세대 선교를 위해 가상세계로 사역의 장을 넓혔다. CCC는 자체 메타버스 플랫폼 '씨온(C-ON)'을 출시했다고 밝혔다. 씨온은 '교회·크리스천·CCC 온라인'이라는 뜻을 담고 있다. 앞서 출시된 '게더타운' '제페토'와 같은 메타버스 플랫폼과는 달리 '하나님 거하시는 곳'이라는 의미에서 차별점을 지닌다."

CCC는 다음세대 전도가 어려워지는 상황에서 'MZ감성'을 공략해 온라인 사역 범위를 확대하겠다는 구상이다. 특히 공간 제한이 없는 메타버스 플랫폼을 청년·청소년의 마음을 여는 통로로 활용하겠다는 전략을 내세우고 있다. 씨온은 카페·영화관·사랑방·공동체 공간으로 구성돼 있다. 사용자들은 이곳에서 말씀 묵상, 소그룹·캠퍼스 모임, 강의 및 설교, 영화 감상, 다양한 성경 스토리 게임 등 다양한 기독교 문화를 체험할 수 있다. 서비스 출시 이후 SNS에는 호평이 이어졌다. CCC 디지털 전략팀(VLM) 허재연 간사는 "사역 확장을 위해 다채로운 서비스를 개발 중"이라며 "씨온이 영혼을 살리는 건강한 공간이 되고, (사용자들이) 하나님·이웃과의 관계가 회복되고 위로와 공감을 얻길 바란다"고 말했다.

[원본링크] - https://www.kmib.co.kr/article/view.asp?arcid=0017964007 출처 국민일보 2023년 2월 15일

온라인 교회와 오프라인 교회를 병행하는 것에 대한 질문에는 찬성한다는 의견이 64.1%로, 반대한다는 의견 28.2%보다 압도적으로 높았다. 목회데이터연구소에서 조사한 통계에서 현장예배와 온라인예배 중 선호도 조사에서 보면, Z세대는 온라인보다 오프라인을 더 선호하였다. 오프라인과 온라인 모두를 선호하는 비율도 높게 나왔다. Z세대는 오프라인 예배가 50.2%, 온라인 선호가 18.2%, 둘다 선호 31.6%였다. 코로나 팬데믹을 거치면서, 온라인수업에 익숙한 경험을 한 Z세대는 오프라인 모임과 예배에 강한 선호도를 가지고 있다는 특이점이 나타났다[135] 그러므로 Z세대 선교는 온라인 교회와 예배를 선교의 기회로 삼고, 오프라인 예배를 강화하여 교육과 양육, 교제를 활성화하여 온라인과 오프라인을 통합한 교회(All-Line Church)로 나아가야 한다.

4차산업혁명시대는 교회와 선교에 새로운 패러다임을 요구하며, 목회적 환경이 온라인이냐 오프라인이냐를 논하는 것은 무의미한 시대가 되었다. 온라인은 코로나 19 이전보다 더욱 강력하게 요구되어 질 것이며, 하지만 오프라인의 기반이 없는 온라인은 허상에 불과하다. 오프라인을 기반으로 온라인 사역을 가능케 하는 '올라인(All- Line)' 교회와 선교로 빠른 전환이 필요하다.[136]

[그림] 온라인 교회와 오프라인 교회의 병행

문. 그렇다면 오프라인 교회와 온라인 교회를 병행하는 것에 대해서는 어떻게 생각하십니까?

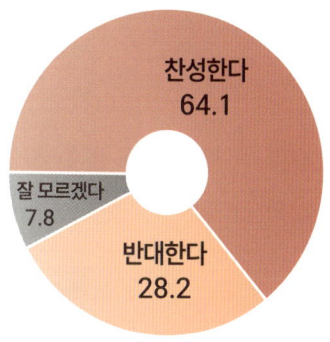

- 조사기간: 2024년 2월 2일   ▪ 조사대상: 전국 만 17세~28세 남녀
- 응답자수: 528명   ▪ 응답율: 2.0%
- 표본오차: 95% 신뢰수준 ± 4.3%   ▪ 조사방법: 무선전화 RDD100% 자동응답전화조사

    Z세대는 메타버스 교회의 필요성 42%, 온라인 교회와 오프라인 교회를 병행하는 것에 대한 질문에는 찬성한다는 의견이 64.1%로 나타났다. 온라인 교회의 선교는 인스타그램, 유튜브, 틱톡, 블로그, 카카오톡, 스레드 등을 전도의 통로로 적극적으로 활용해야 한다. Z세대는 디지털 콘텐츠와 매체를 통하여 관계하고 배우려는 경향이 강하므로 교회는 맞춤형 온라인 콘텐츠를 제공하고, 성경공부나 예배, 취업, 진로와 관련된 콘텐츠 등을 제공해야 한다. 또 교회는 Z세대가 즐겨 사용하는 SNS를 교육적, 영성적, 선교적 목적으로 이끌어 갈 수 있는 방법을 강구해야 한다. 온라인 예배나 교육 프로그램에서 인터랙티브한 요소를 도입해 Z세대가 직접 참여하고, 경험할 수 있도록 하는 것이 중요하다. 디지털 기

술을 통해서 온라인과 오프라인을 효과적으로 통합하는 방법도 모색할 필요가 있다.

멘토링과 코칭

비신자 Z세대를 향한 '멘토링과 코칭'을 시행한다. 교회는 학교, 기관과 함께 네트워크해서 입시, 진로, 취업, 그리고 그들의 고민을 멘토링한다. Z세대의 가장 큰 고민은 취업과 이직문제(26.3%), 진로와 진학 문제(24.6%); 경제적 문제(24.6%)로 나타나고 있다. 이 3가지 고민은 서로 연결되어 있다.[137] 고등학생인 Z세대는 '진로와 진학 문제'가 더 크게 부각되고 있으며, 대학생 이상 Z세대는 '취업이나 이직문제, 경제적 문제'가 더 큰 고민이다. 교회나 선교단체, 그리고 교단이 연합하여 학교, 기관과 협력하고 네트워크하여 Z세대를 향한 '멘토링, 코칭'을 시행하여 그들의 육체적이고, 정서적, 그리고 정신적인 고민과 갈등으로 오는 증상을 케어하고 지속적인 관계를 맺어가야 한다.[138] 청소년과 Z세대는 스트레스로 인한 불안증으로 인하여 우울증이 심각할 정도로 찾아온다. 우울장애의 2/3는 자살을 생각한다. 이 중에서 10-15%는 자살을 시도하고, 1/100명은 자살한다. 우울장애의 공존 질환은 불안장애, 공황장애, 사회공포증, 강박증, 완전주의, 결벽증, 신경성식부전증, PDSD, 특정 공포증, 망상장애이다. 이러한 심각한 상황에 놓여 있는 Z세대를 향한 멘토링, 상담이 절대적으로 요청되는 것이다.

정연승은 개인주의에 익숙한 Z세대를 향하여 멘토링 구축을 강조하고 있다.

"Z세대는 멘토링과 개인적인 관계를 중요시한다. 교회의 선배들이 신앙의 멘토로서 Z세대와 개인적인 관계를 맺고, 지도해 줄 수 있는 프로그램을 운영, 확대할 필요가 있으며, 소그룹 활동을 통한 개인적인 교류와 지원을 강화해야 한다. Z세대는 관계성을 통하여 선배들의 지혜와 경험을 배우기를 원한다. 상호작용과 일대일로 진행하는 대화와 관계를 선호한다."[139]

이것은 교회 내가 아니라 교회 밖의 학교, 기관과 교회가 연계하여 멘토링과 코칭의 관계를 지속적으로 맺고, 개인주의를 넘어 공동체성을 갖게 해야 한다. 이것은 Z세대와 관계성을 통한 진정성 있는 태도의 접촉점(contact point)이다.

지역과 함께하는 선교공동체

교회의 본질은 선교적이다. 교회가 선교적 본성을 가지고 지역을 품고 나가야 한다. 황인권은 《5無 교회가 온다》에서 "교회가 외부인을 초대하여 모이게 하는 것이 아니라, 복음을 필요로 하는 이들이 있는 곳으로 먼저 찾아가 전도하고 관계를 맺는 것을 우선시해야 한다"고 설명하고 있다. 교회의 형태와 모습은 지역사회의 문화, 언어, 사람들의 일상적인 삶의 방식에 자연스럽게 어우러질 수 있도록 구성되어 함께해야 한다고 설명하고 있다.[140] 이것은 흩어지는 교회, 찾아가는 교회의 모습이다. 특별히 Z세대는 교회에 부정적이다. 이러한 Z세대를 향하여 기존 전통교회의 모습에서 새로운 선교적 교회의 모습을 만들어 가야 한다.

교회의 이미지 개선 방안으로서, '공정성과 투명성'을 확보해야 한다. Z세대가 한국교회를 바라보는 관점은 10명 중 8명이 부정적이다. 10명 중 7명은 호감도가 없고, 비신자 Z세대의 10명 중 8명은 기독교를 종교로가질 의향이 없다. 이유는 한국교회가 본질을 떠난 외향적인 모습에 치중하고 폐쇄적이고 독단적인 모습과, 삶과 신앙의 이율배반적인 모습, 그리고 목회자의 리더십 문제, 공정성과 투명성의 상실을 제기하였다. 비신자 Z세대가 교회에 호감이 없는 이유는 "교회가 자기 중심적이고, 이기적이고 폐쇄적이기 때문"(21.7%)라고 답을 했다. 여기서 우리는 Z세대는 교회의 공공성에 깊은 관심을 갖고 있음을 알 수 있다. 교회와 크리스천이 적극적으로 사회를 향한 공적인 책임을 갖기를 원한다. 크리스천 Z세대 역시 10명 중 2명은 교회의 가장 우선적인 과제로 "공공성 회복"을 제안했다.[141]

교회는 공적인 영역을 위해서 지역사회와 함께 구체적인 프로그램, 프로젝트를 만들어 가야 한다. 교회는 본질적으로 공공성 회복과 공적 책임에 깊이 관련되어 있다. 기후 환경과 생태계 문제, 생명돌봄운동, 가난과 불평등 문제, 정의, 인권을 향한 섬김과 봉사 등 공적 책임에 대한 관심을 가져야 한다. 이를 교회의 본질적인 사역으로 인식해 교회가 속한 지역사회와 깊은 연관성을 갖고 네트워크해야 한다. 교회가 신앙과 삶의 이율배반적인 모습을 극복하고, 기독교인들은 신앙과 일, 그리고 신앙과 사회적 책임으로 통합적 관계로 만들어 가야 한다.[142] 진정성 있는 지역과 이웃과 연대는 비신자 Z세대에게 교회에 대한 호감을 주고 신뢰를 주며, 교회가 선교적이 되어, 크리스천들이 선교적 삶을 구현해 나갈 수 있다.

사랑의 환대와 필요중심적 전도

한국교회는 Z세대를 향한 '사랑의 환대'가 요청된다. 그들 삶의 필요를 이해하고 상황을 발견하여, 그들의 필요를 채워가는 '필요중심적 전도'를 시행해야 한다. Z세대에게 가장 요청되는 것은 '환대'이다. Z세대는 기독교와 특별히 교회에 관심이 적다. 이것은 무엇을 의미하는가? 신뢰를 잃은 교회와 기독교의 현실이다. 이제 세상을 감동시키는 교회, 그리고 일반 Z세대들에게 공감하는 기독교로 어떻게 세워져 가야 하는가? 그들의 아픔을 보듬고 필요를 채워가는 교회, 진정한 공동체를 만들어 가야 한다. 성경적 공동체가 되기 위해서 Z세대를 연결하는 핵심은 '사랑의 관계'이다. 마이클 그린은 '사랑의 관계'를 다음과 같이 강조하고 있다. "사랑은 세상에서 가장 위대한 것이다. 사랑은 우리가 예배하는 하나님의 메아리이다. 사람들은 하나님을 따르는 사람들의 삶에서 실제적인 사랑을 볼 수 있을 때까지 위대하신 사랑의 하나님께로 돌아오지 않을 것이다."[143]

김병삼 목사는 "교회가 다음세대의 외로움을 치유하는 친밀한 관계를 제공해야 한다"고 강조했다. 고독과 외로움에 놓여 있는 젊은 세대를 향한 깊은 관심이다. 만나교회는 장년이 청년 1인 가구를 초대해 함께 식사하는 '집밥 프로젝트', 새벽기도회 때 청년이 장년을 차량으로 섬기는 '카풀', 부모 미혼남녀 파크골프 등 관심사에 따른 다양한 '소모임'을 운영하며 세대와 세대를 연결하는 사역을 진행하고 있다.[144]

김병삼 목사는 《다시 교회》[143]에서 이렇게 말했다.

"교회는 영혼을 사랑하는 공동체가 되어야 한다. 세상을 향한 사랑을 많이 표현하는 사람들이 모이는 공동체가 되어야 한다. 왜냐하면 그것이 하나님이 교회를 세우신 분명한 이유이기 때문이다."

이것이 교회의 본질이다. 그리고 교회는 사랑이 중심이다. 예수 그리스도를 알지 못하는 Z세대를 향한 사랑의 구체적인 실천을 어떻게 표현해야 할까? 해답은 '환대'이다. 교회는 Z세대에게 사랑의 환대를 경험하게 하는 장소가 돼야 한다. Z세대는 어디엔가 소속되어 살아가고 싶은 욕구가 있다. 자신의 필요와 연결하여 소속감을 주고 사랑의 환대를 이루는 곳을 찾는다. 그게 바로 교회다.

Z세대가 처한 현실적인 상황은 입시문제, 진로문제, 취업 문제 등 미래의 불투명한 자신의 정체성으로 혼란과 경제적 어려움을 겪고 있다. Z세대를 위한 취업 박람회와 알선 프로그램, 입시 진로 특강, 세미나, 그리고 상담과 돌봄 케어 센터가 요구된다. Z세대와 과정을 함께할 롤모델

로 삼는 멘토링과 스스로 자기의 강점과 약점을 발견하고 해결책을 찾을 수 있도록 이끌어 줄 코칭이 요청된다. Z세대는 환대를 통하여 마음의 문을 열고 관계성을 통하여 복음을 알아간다. 교회는 Z세대를 향한 소통과 다리놓기를 해야 한다.

미주

1장 Z세대, 그들은 누구인가?

1) 임홍택,《90년생이 온다》. 서울: 웨일북, 2018. 58.

2) 박원익·조윤호,《공정하지 않다: 90년대생들이 정말 원하는 것》. 서울: 지와인, 2019. 15.

3) 박원익·조윤호,《공정하지 않다: 90년대생들이 정말 원하는 것》. 이 책은 당시에 20대였던 90년대생들에 대해서 말했지만 이들 중 일부는 지금 30대가 되었기 때문에 30대들도 이러한 특성을 공유한다고 볼 수 있다.

4) 삼정KPMG 경제연구원. "新소비 세대와 의·식·주 라이프 트렌드 변화,"〈Samjong INSIGHT〉, 66 (2019), 1-33.

5) 김지민, "저출생 사회를 바라보는 Z세대들의 목소리: 원인과 해결책을 중심으로" 중앙대학교 석사학위논문(2024년).

6) 목회데이터연구소, "한국교회 Z세대(20대) 실태,"〈넘버스〉, 287호.

7) 김동심, 주경희, 김주현. "에코세대와 Z세대 대학생의 취업환경 및 직업에 대한 인식 비교".〈인문사회 21〉, 10/5(2019), 725-740.

8) 이홍승·김준환, "코로나19로 인한 식품 소비행태 변화분석: MZ세대를 중심으로,"〈디지털융복합연구〉, 19/3(2021).

9) 노가영,《유튜브 온리》. 서울: 미래의 창, 2017

10) 네이버 지식백과

11) 박준, "포스트코로나 시대 새로운 사회전환을 위한 과제 연구,". 한국행정연구원. 2022년.

12) 이재경·추호정·윤남희, "Z세대 소비자의 화장 의례에 대한 탐색적 연구,"〈한국의류학회지〉, 45/2(2021년), 356-375.

13) 네이버 지식백과

14) 박준, "포스트코로나 시대 새로운 사회전환을 위한 과제 연구,". 한국행정연구원. 2022년.

15) 옥경영,김민정,김성숙, "Z세대 소비자의 공정성 인식과 ESG 분석,"〈소비자정책교육연구〉, 18/3(2022년).

16) 조귀동, 《세습 중산층 사회》. 서울: 생각의 힘, 2020. 158.

17) 정재영, "코로나19 청년, 기독교(1)," 21세기교회연구소·한국교회탐구센터·목회데이터연구소, 〈2021 기독청년의 신앙과 교회인식 조사 세미나 자료집〉(2021년 1월 27일), 14.

18) 신진욱, 《그런 세대는 없다》. 서울: 개마고원, 2022.

19) 정재영, 《교회 안 나가는 그리스도인》. 서울: IVP, 2015

20) 21세기교회연구소·한국교회탐구센터, 〈평신도의 교회선택과 만족도 조사 세미나 자료집〉(2016년 11월 25일), 51쪽.

21) 21세기교회연구소·한국교회탐구센터·목회데이터연구소 엮음, 〈코로나 시대, 기독 청년들의 신앙의식 탐구 세미나 자료집〉(2021년 1월 27일), 24.

22) 전석재·서요한, 《2025 Z세대 트렌드와 한국교회》. 인천: 다음시대연구소, 65-65.

23) 성석환, "MZ 세대 선교정책 제안," 대한예수교장로회총회 국내선교부, 〈MZ세대 목회전략 세미나〉. 2023년 6월 13일, 45.

24) 지앤컴리서치, "한국교회 트렌드 2025 조사결과 보고서(미간행자료)". 2024년 6월, 4.

25) 대학내일20대연구소, 《밀레니얼-Z세대 트렌드 2020》. 서울: 위즈덤하우스, 2019. 48.

26) 이민형, "코로나19 상황에서의 한국 개신교 신앙 지형 연구," 정재영 외, 《코로나19 뉴노멀시대, 교회의 변화와 대응》. 서울: 스토리zip, 2021, 55.

27) 가족종교화에 대해서는 정재영, "패밀리 크리스천," 지용근 외, 《한국교회 트렌드 2025》.

2장 Z세대를 위한 목회와 교육, 어디로 가야 하는가?

28) 전석재·서요한, 《2025 Z세대 트렌드와 한국교회》. 인천: 다음시대연구소, 2024, 10.

29) https://media.market.us/gen-z-statistics 2025년 6월 25일에 접속

30) https://nielseniq.com/global/en/landing-page/spend-z/ 2025년 6월 25일에 접속

31) https://www.careet.net/1405 2025년 6월 25일에 접속

32) https://www.ajunews.com/view/20240829204408058 2025년 6월 25일에 접속

33) "한국인의 정신건강: 2024 한국 웰니스 보고서 3화"

34) https://kbthink.com/main/economy/economic-in-depth-analysis/economic-research-report/2024/series4-240930.html 2025년 6월 25일에 접속

35) Roberta Katz and et al, Gen Z, Explained: The Art of Living in a Digital Age . Chicago: University of Chicago Press, 2021.

36) 전석재·서요한, 《2025 Z세대 트렌드와 한국교회》. 38. https://hrcopinion.co.kr/archives/31599 2025년 6월 27일에 접속

37) Katz and et al, Gen Z, Explained, 134/265

38) 정재영, "한국의 무종교에 대한 연구"〈종교와 사회〉12(2024),151.

39) 위의 책, 151-152

40) https://www.gallup.co.kr/gallupdb/reportContent.asp?seqNo=1208 2025년 6월 27일에 접속

41) 폴 히버트, "중간 영역"

42) 지용근 외, 《한국 교회 트렌드 2025》, 서울: 규장문화사, 2024, 197.

43) 정재영, "한국교회는 청년들에게 희망이 될 수 있을까"〈기독교사상〉760(2022.4), 31.

44) Katz and et al, Gen Z, Explained, 45/265.

45) 한국기독교사회문제연구원, 《기독청년 인식조사: 가치관, 마음, 신앙》. 서울: 기사연, 2023, 73.

46) 위의 책., 87.

47) Keving Brown, "What the Asbury Taught Me about GenZ" in Christianity Today . March 2024.

48) Rhiannon Mcaller and Rob Barward-Symnons, The Quiet Revival. Swindon, England: Bible Society, 2025, 6-8.

49) 위의 책., 19.

50) "'너진똑'이 성경을?…유튜브서 때아닌 '기독 콘텐츠' 열풍" https://www.goodnews1.com/news/articleView.html?idxno=440895&utm_source=chatgpt.com 2025년 6월 30일에 접속

51) Alan Noble, Disruptive Witness: Speaking Truth in a Distracted Age. Downers Grove: IVP, 2018, 109.

52) 위의 책., 104-105.

53) 앨런 노블,《나는 나의 것이 아니다》. 서울: 두란노, 2022.

54) 위의 책., 19.

55) 존 마크 코머,《24시간 나의 예수와》. 서울: 두란노, 2024.

56) https://www.christiantoday.co.kr/news/310150?utm_source=chatgpt.com 2025년 7월 1일에 접속

57) https://www.kosinnews.com/news/articleView.html?idxno=11975&utm_source=chatgpt.com 2025년 7월 1일에 접속

58) "가난한 자가 없는 공동체: 낮은자리교회,"〈목회와 신학〉(2024년 4월호), 96-97.

59) 심성수, "청년을 위한 EPIC 목회: 예능청년교회 사례 연구", 드루대학교 목회학박사 학위논문 2024년 5월.

3장 Z세대와 예배: 본질을 회복하고 세상과 소통하라!

60) 전석재, 서요한,《2025 Z세대 트렌드와 한국교회》. 인천: 다음시대연구소, 2024; 지용근 외,《한국교회 트렌드 2025》. 서울: 규장, 2025; 목회데이터연구소 외,《한국교회 진단리포트》. 서울: 두란노, 2025. 목회데이터 연구소(www.mhdata.or.kr)의 자료를 활용하였다.

61) 필자의 다른 글에서 직간접으로 인용한 내용이 있음을 밝힌다. 다음 자료를 참고하라. 안덕원, "디지털 미디어 시대의 기독교 예배-전통적인 경계선 밖에서 드리는 대안 예배를 위한 제언,"〈복음과 실천신학〉56(2020), 45-82; 안덕원,《예배꿀팁》. 서울: 홍성사, 2023; 안덕원, "예배와 기독교 영성,"〈목회와신학〉415 (2024.1), 42-45.

62) http://www.mhdata.or.kr/bbs/board.php?bo_table=gugnae&wr_

63) 지용근 외, 《한국교회 트렌드 2025》. 서울: 규장, 2025, 201.

64) 전석재·서요한, 《2025 Z세대 트렌드와 한국교회》. 인천: 다음시대연구소, 2024, 148.

65) http://www.mhdata.or.kr/bbs/board.php?bo_table=gugnae&wr_id=159. 2025년 7월 22일 접속.

66) 전석재, 서요한, 128.

67) 목회데이터연구소 외, 《한국교회 진단리포트》. 서울: 두란노, 2025, 31-34.

68) 지용근 외, 179.

69) http://www.mhdata.or.kr/bbs/board.php?bo_table=gugnae&wr_id=95. 2025년 5월 25일 접속.

70) 목회데이터연구소 외, 46-51.

71) Philip H. Pfatteicher, Liturgical Spirituality. Trinity Press International, 1997. 3~4.

72) 지용근 외, 201.

73) 형식적인 구분도 중요하지만 예배의 분위기와 내용에 있어서 한국개신교는 몇 가지 특징을 가지고 있다. 그것은 회심과 열심과 교회 간의 유사성이라고 요약할 수 있을 것이다. 안덕원. 《예배꿀팁》. 81-84.

74) 목회데이터연구소 외, 44.

75) 공동체적으로 형성되는 의식과 습관을 아비투스(habitus)라고 부른다. 제임스 K. A. 스미스. 《하나님 나라를 상상하라》. 서울: IVP, 2018. 149-150.

76) Geoffrey Wainwright, Doxology: The Praise of God in Worship, Doctrine and Life: A Systematic Theology. New York, Oxford University Press, 1984. 219.

77) 전석재, 서요한, 132-135.

78) 지용근 외, 201.

79) 위의 책, 199.

80) James F. White. Introduction to Christian Worship-Fourth Edition. Nashville: Abingdon Press. 2023. 30-31.

81) 안덕원, "디너처치(Dinner Church): 사귐과 나눔, 그 본래의 교회," 〈기독교사상〉 799(2025.7), 66-77.

82) 디지털 네이티브는 디지털 모바일세대를 일컫는 표현으로 다음의 책을 참고하라. 돈 탭스코트(Don Tapscott), 《디지털 네이티브》. 서울: 비즈니스북스, 2009.

83) 문화랑, "하나님이 흔드신 예배, 하나님 중심으로 돌아가자," 49.

84) 미디어 리터러시(Media Literacy)는 "정보 기술에 대하여 기본적으로 이해하고 정보 미디어를 구사하며, 정보를 활용하거나 정보를 이용하여 자신의 생각을 표현하는 능력/미디어 정보 해독력"이다. 즉 "각종 미디어 정보를 주체성을 갖고 해독할 수 있는 능력"이다. www.naver.com 2025년 5월 29일 접속.

85) 최병두, 《근대적 공간의 한계》. 서울: 삼인, 2002, 28.

86) 안덕원, 《예배꿀팁》. 166-167.

87) 지용근 외, 201.

88) James F. White, A Brief History of Christian Worship. Nashville: Abingdon Press, 1993, 179.

89) 한재동, 예배갱신의 내포적 의미와 그 실현범위-예배본질의 회복과 그 시공간적 조건으로서의 본질적 요소들," 〈신학과 실천〉 18 (2009), 11-65. 특별히 50-54쪽을 보라.

90) James F. White, Introduction to Christian Worship: 4th Edition. Nashville: Abingdon, 2023, 18.

91) 위의 책, 18-19.

92) 안덕원, "글로벌 상황에서의 기독교 예배: 제임스 F. 화이트의 통찰을 바탕으로," 《기독교 예배학 개론》. 429. Don E. Saliers, "Liturgical Aesthetics: e Travail of Christian Worship," Arts, Theology, and the Church, ed. Kimberly Vrudny and & Wilson Yates. Cleveland: e Pilgrim Press, 2005, 187.

93) James F. White, "How Do We Know It is Us?," in Liturgy and the Moral Self: Humanity at Full Stretch Before God; essays in honor of Don E. Saliers, eds. Don E. Saliers, E. Byron Anderson, and Bruce T. Morrill. Collegeville: Liturgical Press, 1998. 58.

94) Lester Ruth, "A Rose by Any Other Name." Pages 33-51 in The Conviction of Things Not Seen: Worship and Ministry in the 21st Century. Edited by Todd E. Johnson. Grand Rapids: Brazos, Press, 2003.

95) 돈 샐리어스, 《예배와 영성》. 이필은 옮김. 서울: 은성, 2002. 11-12.

96) 레너드 스윗, 《영성과 감성을 하나로 묶는 미래교회》. 서울: 좋은씨앗, 2002.

97) 권용준, "진지함과 즐거움이 공존하는 예배: 예배와 놀이," 〈복음과 실천신학〉 67 (2023), 79-113.

98) 목회데이터연구소 외, 54-56. 더불어 정치편향적인 설교에 대한 반감이 매우 크다는 사실을 잊지 말아야겠다.

99) 지용근 외, 192.

100) 앞의 책, 186. 1위 행복한 가정(1순위 28%, 1+2+3 순위 71.8%, 2위 개인적 건강(1순위 19.6%, 1+2+3 순위 65.2%), 3위 신앙생활(1순위 23.6%, 1+2+3순위 51.6%).

101) Hans Schwarz, Divine Communication: Word and Sacrament in Biblical, Historical, and Contemporary Perspective. Fortress Press, 1985, 36.

102) 황인권, 《5無 교회가 온다》. 서울: IKP, 2025.

103) 폴 스콧 윌슨, 《네페이지 설교》. 서울: 예배와설교아카데미, 2006.

104) 황인권, 208-210.

105) 모든 저서와 글들이 Z세대의 예배를 위해 참고가 될 것이다. 예배와 영성형성의 관계에 대한 다음 저서들을 참고하라. 제임스 K. A. 스미스, 《하나님 나라를 욕망하라》. 서울: IVP, 2016. 《습관이 영성이다》. 서울: IVP, 2018. Z세대를 위한 예배신학과 Z세대의 이해를 위해 다음 자료들을 소개한다. 마크 프렌스키, 《디지털 네이티브 그들은 어떻게 배우는가》. 사회평론아카데미, 2019; Glenn P. Packiam, Worship and the World to Come: Exploring Christian Hope in Contemporary Worship. Christianaudio.com, 2020; Sandra Maria Van Opstal and Mark Labberton, The Next Worship: Glorifying God in a Diverse World. IVP Books, 2015.. 예배의 기획과 디자인을 위해 다음을 참고하라. Constance Cherry. The Worship Architect, 2nd Edition : A Blueprint for Designing

Culturally Relevant and Biblically Faithful Services. Baker Academic, 2021; Greg Scheer, Essential Worship: A Handbook for Leaders. Baker Books, 2016): The Bible Project (https://bibleproject.com); Worship Together (https://www.worshiptogether.com); A Sanctified Art (https://sanctifiedart.org); The Worship Initiative (https://theworshipinitiative.com).

4장 Z세대 전도와 선교: 세상을 향하여 다리놓기를 시도하라!

106) Z세대 1990년대 중반부터 2000년대 후반에 이르는 고등학생, 대학생, 대학을 졸업하고 취업을 준비하는 청년들의 연령인 17-28세 674만명을 명명한다.

107) M세대((Millennial Generation)를 1980년대 초반부터 1990년대 중반까지 태어난 세대를 지칭한다.

108) 지용근 외, 《한국교회 트렌드 2025》. 서울: 규장, 2024. 181.

109) 위의 책, 182.

110) 전석재·서요한, 《2025 Z세대 트렌드와 한국교회》. 인천: 다음시대연구소, 2024. 64-66.

111) 지용근 외, 《한국교회 트렌드 2025》. 183.

112) 정연승외, 《Z세대, 우리에게 도착하다》. 서울: 기독경영연구원, 2024. 122-123.

113) T.J. Smith, The Gen-Z Ministry Guide: Reaching the Most Connected yet Disconnected Generation. Cleveland, OH: Youth Ministry Club, 2025. 4-5.

114) 지용근 외, 《한국교회 트렌드 2025》. 180.

115) T.J. Smith, The Gen-Z Ministry Guide: Reaching the Most Connected yet Disconnected Generation, 5.

116) 전석재·서요한, 《2025 Z세대 트렌드와 한국교회》. 32-33.

117) 대학내일20대연구소, 《Z세대 트렌드 2024》. 서울: 위즈덤하우스, 2023. 221.

118) 김영한 외, 《2025 다음세대 목회트렌드》. 서울: 세움북스, 2024. 63-64. 엄기홍, 유은혜, 《입소스 마켓 트렌드 2025》. 서울: 한국경제신문, 2024. 68-69.

119) 김상하, 《Z세대 라이프 스타일》. 서울: 클라우드나인, 2024. 35.

120) 정석환 외, 《2024 트렌드 노트》. 서울: 북스톤, 2024. 264.

121) T.J. Smith, The Gen-Z Ministry Guide: Reaching the Most Connected yet Disconnected Generation, 5-6.

122) Tim Elmore, Generation Z Unfiltered: Facing Nine Hidden Challenges of the Most Anxious Population. Atlanta, Georgia: Poet Gardener Publishing, 2019. 47.

123) 지용근 외,《한국교회 트렌드 2025》. 184.

124) 전석재·서요한, 〈2025년 Z세대 종교인식도 조사〉를 2024년 2월에 1만명 이상 ARS 설문조사를 실시하여 Z세대 528명의 응답의 결과이다.

125) 전석재·서요한, 《2025 Z세대 트렌드와 한국교회》. 45.

126) 위의 책, 41.

127) 위의 책, 42.

128) 〈기독일보〉 2024년 9월 4일.

129) 국민일보 2025년 5월 30일 출처[원본링크] - https://www.kmib.co.kr/article/view.asp?arcid=1748760321

130) 국민일보 2025년 4월 15일 내용

131) 국민일보 2025년 4월 15일. [원본링크] - https://www.kmib.co.kr/article/view.asp?arcid=1744605840

132) 이승병, "코로나 19 시대의 Z 선교: 오순절 선교 "세가지 대결"을 중심으로," 178-213. 황예찬. 《소셜미디어 사역을 부탁해》. 서울: 두란노, 2024, 109-163.

133) 국민일보 2024년 10월 7일 [원본링크] - https://www.kmib.co.kr/article/view.asp?arcid=0020597844

134) 지용근 외, 《한국교회 트렌드 2025》.

135) 김병삼 외, 《올라인 교회》 서울: 두란노, 2021. 20-21.

136) 전석재·서요한,《2025 Z세대 트렌드와 한국교회》, 57.

137) Tim Elmore, Generation Z Unfiltered: Facing Nine Hidden Challenges

of the Most Anxious Population, 48.

138) 정연승, "스피리추얼 Z세대," 《2025 한국교회 트렌드》. 203-204.

139) 황인권. 《5無 교회가 온다》. 서울: ikp, 2025, 199-200.

140) 김영한외. 《2025 다음세대목회 트렌드》. 164.

141) 전석재. 서요한. 《2025 Z세대 트렌드와 한국교회》, 92-93.

142) 마이클 그린, 《세상을 바꾼 복음전도》. 서울: 두란노, 2024, 265.

143) 출처 국민일보 2025년 5월 30일 [원본링크] - https://www.kmib.co.kr/article/view.asp?arcid=0028182765

144) 김병삼, 《다시, 교회》. 서울: 두란노, 2023, 48.

저자 소개

정재영 교수 (Z세대 종교사회학적 이해)

실천신학대학원대학교 교수이며, <21세기교회연구소> 소장이다. 한국종교사회학회 회장으로 봉직하고, 한국인문사회과학회 부회장 목회데이터연구소 연구위원으로 활동하고 있다. 연세대학교에서 사회학을 공부하고 대학원에서 종교사회학을 전공하였다. 최근 "한국의 무종교인의 특징"에 대하여 연구하였다. 한국교회 소그룹과 마을공동체 운동에 꾸준히 관심을 갖고 연구하고 있다. 《기독교와 시민사회》를 공동번역하였고, 《한국교회 트렌드 2023-2026》의 공동저자이다. 단독 저서로 《계속되는 도전: 늘어나는 비제도권 교회》, 《강요된 청빈: 목회자의 경제현실과 공동체적 극복방안》, 《교회 안나가는 그리스도인: 가나안 성도를 어떻게 이해할 것인가?》, 《함께 살아나는 마을과 교회》, 《한국교회의 미래 10년》, 《소그룹의 사회학》 등을 저술했다.

김선일 교수 (Z세대 목회와 교육)

웨스트민스터신학대학원대학교 실천신학 교수이다. 아세아연합신학대학교를 졸업하고 미국 풀러신학대학원에서 목회학 석사과정(M.Div.)을 마친 후 동대학원에서 실천신학 전공으로 박사학위(Ph.D.)를 취득했다. 귀국 후 학원복음화협의회 캠퍼스사역연구소장과 예수소망교회 공동체 및 교육목사로 사역한 바 있다. 현재 문화와 전도, 선교적 교회, 회심과 신앙 정체성에 관한 강의 및 연구를 하고 있다. 20권 이상의 역서와 더불어, 저서로는 《전도의 유산》(SFC 2024), 《한국 기독교 성장의 내러티브》(CLC, 2019), 《기독교적 회심의 해석과 실천》(새세대 2023)이 있다. 공저로는 《'한국 교회 트렌드 2025》(규장, 2024), 《한국 교회 진단리포트》(두란노 2025) 등이 있다. 미국 IVP에서 발간한 'The Global Dictionary of Theology'(IVP 2008)에 기고자로 참여했으며 ("Conversion in the Korean Context"), 박사학위 논문은 'The Ecology of Evangelism'(Emeth 2016)으로 미국에서 출간되었다.

안덕원 교수(Z세대 예배와 설교)

횃불트리니티신학대학원대학교 실천신학 교수이다. 서울신학대학교에서 신학을, 서강대학교에서 종교학을 공부했으며 미국의 드류(Drew)대학교에서 석사(M.Div.)와 박사학위(Ph.D.)를 취득하였다. 이후 드류대학교에서 전임교수로 예배와 설교를 가르쳤으며 뉴저지 시온성교회에서 담임목회를 했다. 예배, 성례전, 직제, 설교, 음악, 예술, 건축과 같은 주제들에 대한 연구와 강의를 이어오고 있다. 한국예배학회 회장을 역임하였고 교회건축문화연구회 회장으로 섬기고 있다. 제임스 화이트 교수의 Introduction to Christian Worship 《기독교예배학 개론》 수정판(제4판)의 저자이자 역자이다. 《교회건축과 예배공간》를 번역하였다. 《우리의 예배를 찾아서》(두란노, 2108) 《예배꿀팁》(홍성사, 2023) 《매일의 온전한 예배》 등의 저서와 《한국 교회 진단 리포트》 등 다수의 공저가 있다.

전석재 교수(Z세대 전도와 선교)

현재 서울신학대학교 선교학 교수이다. 미국 United Theological Seminary에서 2004년, 논문 "전자 문화 안에서 신세대(New Generation) 선교전략"으로 박사학위를 취득하였다. 귀국하여 백석대학교, 서울기독대학교에서 20년 동안 선교학 교수로 재직하며 많은 후학을 가르쳤다. 저서는 《현대선교》, 《변화하는 현대선교전략》, 《21세기 세계선교전략》, 《21세기 복지와 선교》, 공저로는 《선교학개론》, 《한국교회의 전도의 새로운 방향》, 《미래세대의 전도와 목회》, 《선교 리더십》, 《한국교회와 선교적 교회론》, 《다문화사회와 선교》, 역서로는 《변화하는 내일의 세계선교》, 《사도적 교회》, 《선교적 교회의 리더십》, 《성령과 함께하는 역동적인 능력기도》, 2024년 한국교회 Z세대선교를 위한 데이터로 기반으로 책, 《2025 Z세대 트렌드와 한국교회》를 출간하였다. 한국선교신학회 14대 회장을 역임하였고, 한국기독교학회 편집장을 역임하였다. 현재 다음세대를 향한 다리놓기를 위해, 〈다음시대연구소〉를 설립하여 대표로 사역하고 있다.

2026 한국교회 Z세대 트렌드: Z세대 목회, 교육, 예배, 전도전략

초판 1쇄 발행 2025년 9월 25일
초판 3쇄 발행 2025년 11월 15일

지은이 전석재, 정재영, 김선일, 안덕원
펴낸이 전석재
펴낸곳 다음시대연구소
디자인 도토리실험실
인쇄 신일문화사

출판등록 제2024-000033호
주소 인천시 연수구 랜드마크로 19, 108동 2104호
전화 대표 010-2113-4792 **연구원** 010-3262-4792
이메일 jeon0262@naver.com
ISBN 979-11-989491-2-7 (03230)

※ 이 책은 저작권법에 따라 보호받는 저작물이므로 무단전재와 복제를 금합니다.

값 20.000원   ⓒ2025, 다음시대연구소